비즈니스 잉글리시 케첩 [Negotiation]

지은이	윤주영
펴낸이	윤주영
펴낸곳	HiEnglish
펴낸날	2015년 7월 1일 초판 1쇄 발행
전화	(02) 335 1002
팩스	(02) 6499 0219
주소	서울 마포구 서교동 355-32
홈페이지	www.hienglish.com
이메일	editor1@hienglish.com
등록번호	제2005-000040호
ISBN	979-11-85342-10-8
Copyright	ⓒ 2015 HiEnglish
정가	20,000원
참여한 사람들	Josh Lee, 허혜민, 장진경, 윤서연, 손보름, 유정은, 최은진, 양수진, Jenny Kim, Susan Lee, Stephen Dell, John Castilleja, Michael Dunn, Barney Battista, Bruce Alexander Grant, 박상신, 김현순, 임정길, 조요한

All rights reserved. No part of this publication may be reproduced, stored in a retrieval system, or transmitted in any form or by any means, electronic, mechanical, photocopying, recording, or otherwise, without the prior permission of the publisher.

Preface

비즈니스 잉글리시 케첩 시리즈는 오늘의 글로벌 시대에 필요한 커뮤니케이션 능력을 향상시킬 수 있도록 제작한 교재입니다. 다양한 비즈니스 환경에서 외국인들과 자신있게 협력하고 의사소통할 수 있도록 실무에 자주 사용하는 표현과 어휘 중심으로 구성하였으며 읽고, 듣고, 쓰고 말하는 기회를 제공합니다.

비즈니스 잉글리시 케첩 시리즈는 국내 896개 대기업 비즈니스 영어 교육용 교재로 사용되고 있으며 동료나 외국인 파트너의 비즈니스 영어 실력을 케첩(catch-up) 할 수 있는 시리즈입니다. 비즈니스 환경에서 반드시 알아야 할 표현(expressions)과 어휘(vocabulary)를 소개하고 있으므로 회화, role-playing, 연습 문제 등을 통해 확실히 익힐 수 있도록 합니다.

비즈니스 잉글리시 케첩은 5권(Negotiation, Presentation, Meeting, Telephoning, Email)으로 구성되어 있습니다. Negotiation에서는 협상 영어에 중점을 둔 회화를 공부할 수 있고 Presentation에서는 영어로 프레젠테이션을 매끄럽게 발표하는 데 도움을 받을 수 있습니다. Meeting에서는 외국 파트너들과 효과적인 회의를 진행하기 위해 필요한 표현과 어휘를, Telephoning에서는 주문부터 약속 잡는 것까지 전화 영어 관련 다이얼로그를 공부할 수 있습니다. Email에서는 직장에서 자주 쓰는 이메일, 회의록, 계약서 작성하는 방법에 대해 배울 수 있습니다.

본 시리즈는 무엇보다도 외국인들이 실제로 쓰는 생생한 표현들을 많이 포함하고 있습니다. 표현과 어휘를 중심으로 연습하면 오늘날 필요로 하는 글로벌 인재로 성장하는데 많은 도움이 될 것이라 확신합니다.

2015년 여름

윤주영

Contents

unit 01 Doing Background Research 배경조사 — 9
[business case] Searching for a Business Partner in Russia

unit 02 Preparing for a Negotiation 협상 준비 — 19
[business case] Bookstore Wars: Hardball Tactics Gone Wrong

unit 03 Choosing Negotiation Tactics 협상 전략 — 29
[business case] The Music Industry's Thin Line

unit 04 Making Compromises 타협하기 — 39
[business case] Time Warner Cable vs. CBS

unit 05 Case Study I — 49
Enterprise Rent-A-Car's Marketing Strategy

unit 06 Engaging in Cross-Cultural Negotiations 다문화 협상 — 55
[business case] A Case Study From a Teacher's Strike

unit 07 Opening a Negotiation 협상 개시 — 65
[business case] Disney Meets Star Wars

unit 08 Persuading a Counterpart 상대 설득 — 75
[business case] Piracy at its Worst

unit 09 Making Emotional Appeals 감정 어필 — 85
[business case] Facebook Privacy

unit 10 Case Study II — 95
The Driving Force of TESCO

unit 11 Bargaining 흥정   **101**
[business case] **When Bigger Means Better**

unit 12 Making Concessions and Counter Offers 양보와 수정 제안   **111**
[business case] **Starbucks: A Case of Uncontrolled Growth**

unit 13 Delivering an Ultimatum 최후통첩   **121**
[business case] **Oil Spill Backlash**

unit 14 Resolving Conflicts 갈등 해결   **131**
[business case] **A Coffee Spill Turned Wrong**

unit 15 Case Study III   **141**
Philips' Successful Brand Repositioning

unit 16 Finalizing a Deal 계약 마무리   **147**
[business case] **Google's Smart Investment**

unit 17 Reporting on a Negotiation 협상 보고   **157**
[business case] **Monopolization or Necessary Act of Survival?**

unit 18 Following Up After a Negotiation 협상 후속 조치   **167**
[business case] **Microsoft: No Windows 11**

unit 19 Solidifying a Business Relationship 업무 관계 강화   **177**
[business case] **A Battle of Software Giants**

unit 20 Case Study IV   **187**
The Successful Lean Production System at Portakabin

About the Book

Preview
주인공 Mr. Q와 Elly가 주제와 관련하여 나누는 짧은 대화입니다. 주제와 관련된 우리말 표현이 영어로는 어떻게 표현될지 생각해보는 코너입니다.

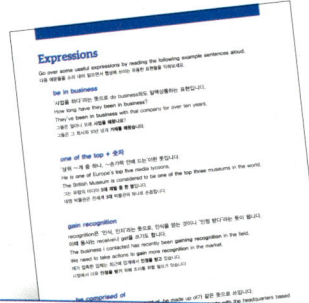

Expressions
해당 unit의 주제와 관련하여 반드시 익혀야 하는 유용한 표현들을 엄선된 예문과 함께 제시하였습니다.

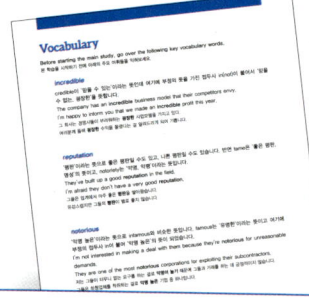

Vocabulary
해당 unit에 등장하는 어휘 중 꼭 익혀야 하는 중요 어휘들을 엄선된 예문과 함께 제시하였습니다.

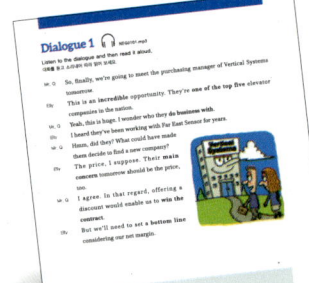

Dialogue 1
실제 비즈니스 상황의 대화를 통해 앞서 학습한 표현과 어휘가 실제 상황에서 어떻게 쓰이는지 알아보는 코너입니다.

Dialogue 2

앞의 대화문과 비슷한 내용의 대화문이 한글로 제시됩니다. 한글을 먼저 보고 앞에 배운 표현을 활용하여 영어로 말해보는 코너입니다.

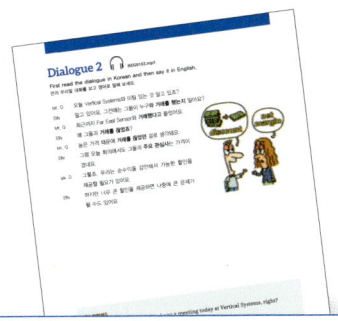

Mr. Q's Story

주인공인 Mr. Q가 처한 상황에 대한 이야기를 들으며 실제 비즈니스 상황에서 발생할 수 있는 문제들에 대해 생각해보는 코너입니다. 제시된 문제들을 통해 듣기 연습과 말하기 연습을 함께 할 수 있습니다.

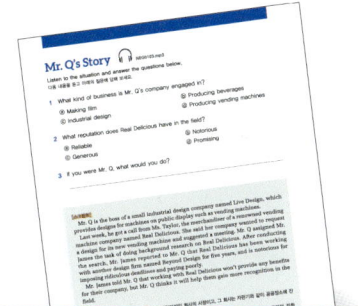

Exercise

앞에서 배운 Expressions와 Vocabulary를 복습하는 코너입니다. 해당 unit에 제시된 중요 표현과 어휘 중에서 선별하여 그 의미와 쓰임을 알고 있는지 확인합니다.

Business Case

다양한 비즈니스 관련 사례들을 다룬 짧은 기사문으로 비즈니스 현장에 대한 이해를 높이고, 수준 높은 어휘와 표현을 배울 수 있습니다. 기사 내용에 대한 자신의 의견을 말해 보면서 토론 연습도 해 볼 수 있습니다.

Doing Background Research

UNIT 01

In this unit you will learn how to do background research on your counterparts before a negotiation.
이 Unit에서는 협상에 앞서 상대에 대한 배경 정보를 수집하는 과정에 대해 배우겠습니다.

[preview]

Mr. Q 이런, 내일이 Vertical Systems와의 미팅인데, 뭘 해야 하지?
Elly   배경조사는 충분히 했어?
Mr. Q 배경조사는 뭘 해야 해?
Elly   먼저 그들이 누구와 거래를 하는지(do business with)를 알아 봐야지.
Mr. Q 그런 다음에는?
Elly   업계에서의 그들의 평판(reputation)이나 그들이 무엇에 가장 관심(main concern)이 있는지도 파악해야지.
Mr. Q 그거면 될까?
Elly   너 이런 일 처음이야? 안 되겠다. 미팅 전에 공부 좀 해야겠네.

Expressions

Go over some useful expressions by reading the following example sentences aloud.
다음 예문들을 소리 내어 읽으면서 협상에 쓰이는 유용한 표현들을 익혀보세요.

① be in business

'사업을 하다'라는 뜻으로 do business와도 일맥상통하는 표현입니다.
How long have they **been in business**?
They've **been in business** with that company for over ten years.
그들은 얼마나 오래 **사업을 해왔나요**?
그들은 그 회사와 10년 넘게 **거래를 해왔습니다**.

② one of the top + 숫자

'상위 ~개 중 하나, ~손가락 안에 드는'이란 뜻입니다.
He is **one of** Europe's **top five** media tycoons.
The British Museum is considered to be **one of the top three** museums in the world.
그는 유럽의 미디어 **5대 재벌 중 한 명**입니다.
대영 박물관은 전세계 **3대** 박물관의 하나로 손꼽힙니다.

③ gain recognition

recognition은 '인식, 인지'라는 뜻으로, 인식을 얻는 것이니 '인정 받다'라는 뜻이 됩니다.
이때 동사는 receive나 get을 쓰기도 합니다.
The business I contacted has recently been **gaining recognition** in the field.
We need to take actions to **gain** more **recognition** in the market.
제가 접촉한 업체는 최근에 업계에서 **인정을 받고** 있습니다.
시장에서 더욱 **인정을 받기** 위해 조치를 취할 필요가 있습니다.

④ be comprised of

'~로 구성되다'라는 뜻으로 consist of, be made up of가 같은 뜻으로 쓰입니다.
The company **is comprised of** over fifty branches worldwide with the headquarters based in Paris.
Our factory **is comprised of** three main parts: parts production, assembly, and packaging.
그 회사는 파리에 본사를 두고 전 세계에 50개가 넘는 지사**로 구성되어 있습니다**.
우리 공장은 부품 생산, 조립, 포장의 세 개의 주요 부분**으로 구성되어 있습니다**.

⑤ sign a deal with

'~와 계약하다'라는 뜻으로, make a contract with와 같은 뜻입니다.
How desperate are they to **sign a deal with** us?
We're eager to **sign a deal with** you.
그들은 얼마나 절박하게 우리와 계약을 체결하기를 원하죠?
우리는 귀사와 계약을 체결하기를 갈망합니다.

⑥ win the contract

'계약을 따내다'라는 뜻으로, 동사를 get으로 쓰기도 합니다.
Offering a discount would enable us to **win the contract**.
We should offer a lower bid to **win the contract**.
할인을 제안하면 **계약을 따낼** 수 있을 것입니다.
계약을 따내기 위해서는 낮은 입찰가를 제안해야 합니다.

⑦ break off business relations

break는 '깨지다'라는 뜻이고 off는 '멀리'의 뜻입니다. 깨져서 멀어진 것이니 '거래를 끊다'라는 뜻입니다.
They unilaterally **broke off business relations** with us.
They want to **break off business relations** with their current partner and find another one.
그들은 일방적으로 우리와 **거래를 끊었습니다**.
그들은 현재 파트너와 **거래를 끊고** 새로운 파트너를 찾고자 합니다.

⑧ get deadlocked

dead는 '죽은', lock은 '잠그다'라는 뜻으로, '교착상태에 빠지다'를 뜻합니다.
The negotiation could **get deadlocked** by a pricing dispute.
The project we recently launched **got deadlocked** when two managers fought to control it.
협상이 가격 분쟁으로 **교착상태에 빠질** 수 있습니다.
최근에 시작한 프로젝트는 두 명의 부장이 관리하겠다고 싸우다가 **교착상태에 빠졌습니다**.

Vocabulary

Before starting the main study, go over the following key vocabulary words.
본 학습을 시작하기 전에 아래의 주요 어휘들을 익혀보세요.

1 incredible

credible이 '믿을 수 있는'이라는 뜻인데 여기에 부정의 뜻을 가진 접두사 in(not)이 붙어서 '믿을 수 없는, 굉장한'을 뜻합니다.

The company has an **incredible** business model that their competitors envy.
I'm happy to inform you that we made an **incredible** profit this year.
그 회사는 경쟁사들이 부러워하는 **굉장한** 사업모델을 가지고 있다.
여러분께 올해 **굉장한** 수익을 올렸다는 걸 알려드리게 되어 기쁩니다.

2 reputation

'평판'이라는 뜻으로 좋은 평판일 수도 있고, 나쁜 평판일 수도 있습니다. 반면 fame은 '좋은 평판, 명성'의 뜻이고, notoriety는 '악명, 악평'이라는 뜻입니다.

They've built up a good **reputation** in the field.
I'm afraid they don't have a very good **reputation**.
그들은 업계에서 아주 좋은 **평판**을 쌓아왔습니다.
유감스럽지만 그들의 **평판**이 별로 좋지 않습니다.

3 notorious

'악명 높은'이라는 뜻으로 infamous와 비슷한 뜻입니다. famous는 '유명한'이라는 뜻이고 여기에 부정의 접두사 in이 붙어 '악명 높은'의 뜻이 되었습니다.

I'm not interested in making a deal with them because they're **notorious** for unreasonable demands.
They are one of the most **notorious** corporations for exploiting their subcontractors.
저는 그들이 터무니 없는 요구를 하는 걸로 **악명이 높기** 때문에 그들과 거래를 하는 데 긍정적이지 않습니다.
그들은 하청업체를 착취하는 걸로 **악명 높은** 기업 중 하나입니다.

4 industrial fair

'산업박람회'라는 뜻입니다. fair는 '공정한'이라는 뜻 외에 '박람회'를 뜻하기도 합니다. expo나 exhibition도 비슷한 뜻으로 쓰입니다.

Our new products will be put on public display at the **industrial fair** next week.
We're planning to attend the Beijing **Industrial Fair** to find some competitive business partners.
우리 신제품은 다음주 **산업박람회**에 공개 전시될 것입니다.
우리는 경쟁력 있는 사업 파트너를 찾기 위해 베이징 **산업박람회**에 참석할 계획입니다.

⑤ renowned

'유명한'의 뜻으로 well-known, famous와 같은 뜻입니다.
As far as I know, they are one of the most **renowned** companies in the industry.
I think what we can do now is consult several **renowned** industry experts.
제가 알기로는 그들은 업계에서 가장 **유명한** 기업 중 하나입니다.
우리가 지금 할 수 있는 일은 몇몇 **유명한** 업계 전문가들과 상담을 하는 일이라고 생각합니다.

⑥ bottom line

'하한선, 최종가격'이라는 뜻입니다. '낮출 수 있는 최대한(the lowest limit)'을 뜻하는 말입니다.
In negotiations, each party establishes a **bottom line** to protect their company's interests.
We should set up an absolute **bottom line** before we have a meeting with them.
협상에서 각 당사자는 회사의 이익을 보호하기 위해 **하한선**을 설정합니다.
그들과 회의를 하기 전에 확고한 **하한선**을 설정해야 합니다.

⑦ merchandiser

merchant는 '상인, 무역상'이라는 뜻입니다. merchandiser도 비슷한 뜻으로 기업까지 포함합니다.
We should secure as many qualified **merchandisers** as we can in order to expand our market.
We're looking for a reliable **merchandiser** to supply us with raw materials.
우리는 시장을 확장하기 위해 가능한 한 많은 자격 있는 **판매업자들**을 확보해야 합니다.
우리는 우리에게 원자재를 공급할 믿을만한 **판매업자**를 찾고 있습니다.

⑧ main concern

concern은 '근심, 염려'라는 뜻도 있지만 '관심사'라는 뜻도 있습니다.
Their **main concern** will be the delivery time.
Dierich Foundry's **main concern** was filing insurance claims after the factory fire.
그들의 **주요 관심사**는 배송시간일 겁니다.
Dierich Foundry's사의 **주요 관심사**는 공장 화재 이후 보험금 신청이었습니다.

Dialogue 1   NEG0101.mp3

Listen to the dialogue and then read it aloud.
대화를 듣고 소리내어 따라 읽어 보세요.

Mr. Q   So, finally, we're going to meet the purchasing manager of Vertical Systems tomorrow.

Elly   This is an **incredible** opportunity. They're **one of the top five** elevator companies in the nation.

Mr. Q   Yeah, this is huge. I wonder who they **do business with**.

Elly   I heard they've been working with Far East Sensor for years.

Mr. Q   Hmm, did they? What could have made them decide to find a new company?

Elly   The price, I suppose. Their **main concern** tomorrow should be the price, too.

Mr. Q   I agree. In that regard, offering a discount would enable us to **win the contract**.

Elly   But we'll need to set a **bottom line** considering our net margin.

[해석]

Mr. Q   마침내 내일 Vertical Systems의 구매 담당자를 만나게 되는군요.
Elly   이건 **엄청난** 기회예요. 그들은 우리나라에서 **다섯 손가락 안에 드는** 엘리베이터 회사예요.
Mr. Q   그래, 이건 엄청나죠. 그들이 누구와 **거래해왔는지** 궁금하군요.
Elly   제가 듣기로 그들은 여러 해 동안 Far East Sensor와 일해왔어요.
Mr. Q   음, 그렇단 말이죠? 무엇 때문에 그들이 새로운 회사를 찾는 거죠?
Elly   아마 가격이겠죠. 내일 그들의 **주요 관심사**도 가격일 거예요.
Mr. Q   맞아요. 그렇다면 할인을 제안하면 우리가 **계약을 따낼** 수 있겠군요.
Elly   하지만 우리의 순이익을 고려해서 **하한선**을 정해둘 필요가 있어요.

Dialogue 2

NEG0102.mp3

First read the dialogue in Korean and then say it in English.
먼저 우리말 대화를 보고 영어로 말해 보세요.

Mr. Q	오늘 Vertical Systems와 미팅 있는 것 알고 있죠?
Elly	알고 있어요. 그전에는 그들이 누구**와 거래를 했는지** 알아요?
Mr. Q	최근까지 Far East Sensor와 **거래했다고** 들었어요.
Elly	왜 그들과 **거래를 끊었죠**?
Mr. Q	높은 가격 때문에 **거래를 끊었던** 걸로 생각돼요.
Elly	그럼 오늘 회의에서도 그들의 **주요 관심사**는 가격이겠네요.
Mr. Q	그렇죠. 우리는 순수익을 감안해서 가능한 할인을 제공할 필요가 있어요.
Elly	하지만 너무 큰 할인을 제공하면 나중에 큰 문제가 될 수도 있어요

[스크립트]

Mr. Q	You do know that we have a meeting today at Vertical Systems, right?
Elly	Right. Who did they **do business with** before?
Mr. Q	I heard they **were in business** with Far East Sensor until recently.
Elly	Why did they **break off business relations** with them?
Mr. Q	I think they **broke off business relations** due to high prices.
Elly	Then the price will probably be their **main concern** in today's meeting.
Mr. Q	That's right. We need to offer them a possible discount while considering our net margin.
Elly	But if we give them too big of a discount, it'll cause a big problem later.

Unit 01 ▪ Doing Background Research | 15

Mr. Q's Story NEG0103.mp3

Listen to the situation and answer the questions below.
다음 내용을 듣고 아래의 질문에 답해 보세요.

1 What kind of business is Mr. Q's company engaged in?

ⓐ Making film
ⓑ Producing beverages
ⓒ Industrial design
ⓓ Producing vending machines

2 What reputation does Real Delicious have in the field?

ⓐ Reliable
ⓑ Notorious
ⓒ Generous
ⓓ Promising

3 If you were Mr. Q, what would you do?

[스크립트]

Mr. Q is the boss of a small industrial design company named Live Design, which provides designs for machines on public display such as vending machines.

Last week, he got a call from Ms. Taylor, the merchandiser of a renowned vending machine company named Real Delicious. She said her company wanted to request a design for its new vending machine and suggested a meeting. Mr. Q assigned Mr. James the task of doing background research on Real Delicious. After conducting the search, Mr. James reported to Mr. Q that Real Delicious has been working with another design firm named Beyond Design for five years, and is notorious for imposing ridiculous deadlines and paying poorly.

Mr. James told Mr. Q that working with Real Delicious won't provide any benefits for their company, but Mr. Q thinks it will help them gain more recognition in the field.

[해석]

미스터 Q는 Live Design이라는 작은 산업디자인 회사의 사장이고, 그 회사는 자판기와 같이 공공장소에 진열되는 기계를 위한 디자인을 제공한다.

지난 주에 그는 Real Delicious라는 이름의 유명한 자판기 회사의 판매업자인 미즈 Taylor로부터 전화를 받았다. 그녀는 새로운 자판기의 디자인을 요청하고 싶다고 미팅을 제안했다. 미스터 Q는 미스터 James에게 Real Delicious사에 대한 배경 조사를 하는 임무를 맡겼다. 조사를 한 후에 미스터 James는 그 회사가 Beyond Design이라는 회사와 5년 동안 일을 해오고 있고, 말도 안 되는 마감기한과 형편없는 가격을 지불하는 것으로 악명 높다고 보고하였다.

미스터 James는 미스터 Q에게 Real Delicious사와 일하는 것은 회사에 아무런 이익도 가져다 주지 않을 것이라고 말했지만, 미스터 Q는 이 분야에서 더 큰 명성을 얻을 수 있도록 도움을 줄 거라고 생각한다.

[정답] 1. ⓒ   2. ⓑ

Exercise

Fill in the blanks with the proper words to complete each sentence.
빈칸에 적절한 어휘를 보기에서 골라 넣어서 문장을 완성하세요.

보기	ⓐ win	ⓑ do business with	ⓒ main concern
	ⓓ sign a deal	ⓔ bottom line	

1. 그들이 누구와 **거래를 하는지** 궁금해.
   I wonder who they _____.

2. 우리는 회의 전에 우리의 **하한선**을 책정해야 합니다.
   We should set out our _____ before the meeting.

3. 그들은 얼마나 절박하게 우리와 **계약하고** 싶어 하나요?
   How desperate are they to _____ with us?

4. 그들의 **주요 관심**은 가격입니다.
   Their _____ should be the price.

5. 할인을 제공하면 우리가 계약을 **따낼** 수 있을 것입니다.
   Offering a discount would enable us to _____ the contract.

보기	ⓕ get deadlocked	ⓖ gain recognition	ⓗ renowned
	ⓘ incredible	ⓙ been in business	

6. 이 분야에서 **인정 받는** 것이 힘들어요.
   It's tough to _____ in this field.

7. 협상은 **교착상태에 빠질** 수 있습니다.
   The negotiation could_____.

8. 그들은 얼마나 오래 **사업을 하고** 있나요?
   How long have they _____?

9. 우리 이름을 크게 알릴 **굉장한** 기회입니다.
   It's an _____ opportunity for us to make a big name ourselves.

10. 그들은 업계에서 가장 **유명한** 기업 중 하나입니다.
    They are one of the most _____ companies in the industry.

[정답] 1. ⓑ 2. ⓔ 3. ⓓ 4. ⓒ 5. ⓐ 6. ⓖ 7. ⓕ 8. ⓙ 9. ⓘ 10. ⓗ

Business Case

Read the article below, summarize it and give your opinion.
아래의 글을 읽어보고 내용을 요약 한 후 자신의 생각을 말해 보세요.

Searching for a Business Partner in Russia

A US firm was looking for a way to manage its logistics in Russia and was recommended a customs broker. On the surface, the company looked to have a good reputation and had not been referenced in sanctions or blacklist checks. The firm's main contact point at the customs broker, the general director, had a good reputation.

However, further investigation revealed that the custom broker had paid bribes to customs officials and had faced various administrative fines through other businesses. They were also embroiled in litigation in the US as a result of their activities there and were suing their business partner for fraud. Intermediaries and agents involved in customs clearance activities are generally considered higher risk and warrant enhanced due diligence, even if it is at first indicated that they have good reputations.

---

logistics 물류 | customs broker 통관브로커 | sanction 제재, 처벌 | allegation 혐의 | bribe 뇌물 | administrative fine 과징금 | embroil 휘말리게 하다 | litigation 소송 | intermediary 중재인 | warrant 정당[타당]하게 만들다 | enhanced 강화된 | due diligence 상당한 주의

해석

한 미국 회사가 러시아에서 물류를 관리할 수 있는 방법을 찾고 있고, 세관 브로커를 추천 받았다. 표면적으로, 이 회사는 좋은 평판을 가지고 있는 듯했고, 제재 또는 블랙리스트 점검에서 조회되지 않았다. 세관 브로커의 회사컨텍포인트인 상무이사는 좋은 평판을 가졌다.

그러나, 추가 조사에서 그들이 세관공무원들에게 뇌물을 건네고, 다른 사업을 통해 여러 가지 과징금을 받은 혐의를 받고 있다는 게 드러났다. 그들은 또한 미국에서의 활동 결과로 소송에 휘말려 있었고, 사기죄로 사업파트너를 고소한 상태였다. 통관 활동에 연관된 중재인들과 대리인들은 대부분 더 높은 수준의 위험성을 갖고 있어 고도의 주의를 요한다. 그들이 비록 처음엔 좋은 평판을 얻고 있다고 하더라도 말이다.

Preparing for a Negotiation

UNIT 02

In this unit you will learn how to prepare for a negotiation.
이 Unit에서는 협상에 앞서 준비하는 과정에 대해 배우겠습니다.

[preview]

Mr. Q 중요한 가격 협상을 준비해야 되는데 막막하네.
Elly   분명한 목표는 세웠어?
Mr. Q 아니. 무슨 목표가 필요하지?
Elly   협상을 앞두고 먼저 가장 중요한 목표(foremost goal)를 정해야지.
Mr. Q 그래?
Elly   최대 수익(maximum profit)이나 장기적 관계(long-term relationship) 중에 어느 것이 더 중요한지 결정하고 그것에 따라 협상을 준비해야지.
Mr. Q 그렇구나.
Elly   어휴. 아직 멀었네. 같이 준비하자.

Expressions

Go over some useful expressions by reading the following example sentences aloud.
다음 예문들을 소리 내어 읽으면서 협상에 쓰이는 유용한 표현들을 익혀보세요.

❶ get the maximum profit

'최대 수익을 확보하다'라는 뜻입니다.
The goal is to **get the maximum profit** out of this deal.
With what reasonable price can we **get the maximum profit**?
이 계약으로부터 **최대 수익을 확보하는** 것이 목표입니다.
어떤 적당한 가격으로 **최대 수익을 확보할** 수 있을까요?

❷ focus on

'~에 중점을 두다, 초점을 맞추다'라는 뜻으로 비슷한 표현은 concentrate on이 있습니다.
Our counterparts will most likely **focus on** getting a lower price.
I don't think he should **focus on** the delivery schedule.
상대들은 더 낮은 가격을 확보하는**데 중점을 둘** 것입니다.
그가 배달 일정**에 초점을 맞춰야** 한다고는 생각지 않습니다.

❸ make a compromise

compromise는 '타협'이라는 뜻입니다. 이때 make 대신 reach나 come to를 쓰기도 합니다.
The two sides were able to **make a compromise** on the price of the computers.
Vertical Systems is not willing to **make a compromise** with us.
양 측은 컴퓨터 가격에 대해서 **타협할** 수 있었습니다.
Vertical Systems는 우리와 **타협할** 생각이 없습니다.

❹ build a long-term relationship

'장기적인 관계를 구축하다'라는 뜻입니다.
I think we were able to **build a long-term relationship** with them through mutual respect.
I've **built a long-term relationship** with them because of our common interests.
상호 존중으로 그들과 **장기적인 관계를 구축할** 수 있었다고 생각합니다.
나는 공통의 관심사로 인해 그들과 **장기적인 관계를** 가졌습니다.

5 need this deal more than

'~보다 이 계약이 더 필요하다'라는 뜻으로 협상 상대와 비교할 때 쓸 수 있는 표현입니다.
It's clear that they **need this deal more than** we do.
We **need this deal more than** they do because we're out of money.
그들이 우리**보다 이 계약이 더 필요하다**는 것은 분명하다.
우리는 자금이 다 떨어져서 그들**보다 이 계약이 더 필요하다**.

6 better our image

better는 동사로 '더 낫게 하다'라는 뜻으로 '우리 이미지를 더 좋게 하다'라는 의미입니다.
Winning this contract will surely **better our company's image.**
They need to **better their image** before they approach us with any offers.
이 계약을 따내면 우리 회사의 **이미지가 확실히 좋아질 겁니다.**
어떤 제의를 하던 그들은 우리에게 접촉하기 전에 **그들의 이미지를 개선해야** 합니다.

7 limit our possibilities

limit는 '제한하다', possibilities는 기회[가능성]의 뜻으로 '우리의 기회[가능성]을 제한하다'의 의미입니다.
This contract will severely **limit our possibilities.**
Failing to sign a deal with them will **limit our possibilities** in the future.
이 계약은 **우리의 기회를** 심각하게 **제한할** 것입니다.
그들과 계약을 체결하지 못하면 앞으로 **우리의 기회가 제한될** 것입니다.

8 in the long run

'오래 달려간 끝에'라는 뜻으로 '결국'이라는 의미입니다.
In the long run, not compromising was the best decision.
I believe that we will be successful **in the long run.**
결국은 타협을 안 하는 것이 최상의 결정이었습니다.
우리는 **결국** 성공할 것이라고 생각합니다.

Vocabulary

Before starting the main study, go over the following key vocabulary words.
본 학습을 시작하기 전에 아래의 주요 어휘들을 익혀보세요.

❶ lenient

'관대한'이라는 뜻이며 반대말로 strict와 severe를 쓸 수 있습니다. 보통 with와 같이 씁니다.
Be **lenient** with others, and severe with yourself.
I think my boss was too **lenient** with him.
타인에게 **관대하고** 자신에겐 엄할지어다.
상사가 그에게 너무 **관대했다고** 생각합니다.

❷ foremost goal

foremost는 '가장 중요한'이라는 뜻으로 '최우선 목표, 가장 중요한 목표'라는 뜻입니다. most important goal로 쓸 수도 있습니다.
Our **foremost goal** for this negotiation should be getting a good price.
The terrorists' **foremost goal** was to assassinate the ambassador.
이 협상에서 우리의 **최우선 목표**는 좋은 가격을 얻어내는 것입니다.
테러리스트들의 **최우선 목표**는 대사를 암살하는 것이었습니다.

❸ fledgling

'신출내기'이라는 뜻으로 특히 새로 시작한 기업을 지칭할 때 쓰는 단어입니다.
The **fledgling** company was struggling to survive in the IT industry.
Twenty years ago, Apple and Amstrad were both **fledgling** computer companies.
그 **신출내기** 기업은 IT 업계에서 살아남기 위해 힘들어하고 있었습니다.
20년 전에 Apple과 Amstrad는 모두 **신출내기** 컴퓨터 회사들이었습니다.

❹ exclusive deal

'독점 계약'이라는 뜻입니다. 독점적이지 않을 때는 non-exclusive deal을 쓸 수 있습니다.
An **exclusive deal** with them will surely maximize our profits.
ABC Company will only sign **exclusive deals**.
그들과의 **독점 계약**이 우리의 이익을 반드시 극대화할 것입니다.
ABC사는 **독점 계약**으로만 체결할 것입니다.

⑤ cultivate

'경작하다'라는 뜻도 있지만 '구축하다' 또는 '개발하다'라는 뜻도 갖고 있습니다.

He purposely tried to **cultivate** good relations with the press.

We need to **cultivate** our negotiation skills.

그는 언론과 좋은 관계를 **구축하려고** 의도적으로 노력했습니다.

우리는 협상 기술을 **개발해야** 합니다.

⑥ persuade

'설득하다'라는 뜻으로 협상에서 자주 쓰는 말입니다. induce도 비슷한 뜻입니다.

I couldn't **persuade** him to lower the price.

He did his utmost to **persuade** me not to go.

가격을 낮추라고 그를 **설득할** 수 없었습니다.

그는 나에게 가지 말라고 **설득하기** 위해 최대한 노력했습니다.

⑦ influence

'영향을 주다'라는 뜻으로 명사로도 씁니다. 명사로 쓸때는 have 또는 gain과 같이 씁니다.

His writings have **influenced** the lives of millions.

This decision may **influence** our pricing in the future.

그의 글은 수백만 명의 삶에 **영향을 주어 왔습니다**.

이 결정이 앞으로 우리의 가격 책정에 **영향을 줄 수 있습니다**.

⑧ vendor

'(특정 제품) 판매 회사'라는 뜻인데 '(거리) 행상인'의 의미로도 씁니다.

The company is basically a software **vendor**.

He is a street **vendor** who sells fruit.

그 회사는 기본적으로 소프트웨어 **판매 회사**입니다.

그는 과일을 파는 거리 **행상인**입니다.

Dialogue 1 NEG0201.mp3

Listen to the dialogue and then read it aloud.
대화를 듣고 소리내어 따라 읽어 보세요.

Mr. Q Now that we've organized a team, we should clarify our goals for the negotiation first.

Elly Sure. What should be our **foremost goal**?

Mr. Q Without a doubt, our main aim should be to **get the maximum profit**. So we shouldn't be too **lenient** in pricing.

Elly Actually, I have a different opinion. Since we're a **fledgling** company in this business, I'd prefer to focus on **building a long-term relationship**.

Mr. Q Well, it's true that we **need this deal more than** them. But if we lower our price too much, that could cause problems later.

Elly Hmm, you mean it may **influence** our pricing in the future?

Mr. Q Yeah. So we should **make a compromise** elsewhere, like the deadline.

Elly I agree. The buyer said their primary concern is time to complete. So let's **focus on** that.

[해석]

Mr. Q 팀을 구성했으니 먼저 협상 목표를 명확히 해야 해요.
Elly 물론이죠. 우리의 **최우선 목표는** 무엇이 되어야 할까요?
Mr. Q 의심할 여지 없이 우리의 주된 목표는 **최대의 이익을 얻는** 것이어야 합니다. 그래서 우리는 가격에 너무 **관대해서는** 안 됩니다.
Elly 사실 저는 다른 의견을 가지고 있어요. 우리는 이 사업에서 **신출내기**이기 때문에 **장기적인 관계를 구축하는** 데 집중하는 게 나을 거예요.
Mr. Q 우리가 그들**보다 이 계약이 더 필요하다는** 건 사실이에요. 하지만 가격을 너무 낮추면 나중에 문제가 생길 수 있어요.
Elly 음. 당신 말은 향후 가격 책정에 **영향을 미칠 수 있다는** 뜻이죠?
Mr. Q 네. 그래서 우리는 마감시한과 같은 다른 부분에서 **타협을 해야** 합니다.
Elly 동의해요. 바이어는 자신들의 최대 관심사는 마감 시간이라고 했어요. 그러니 거기**에 초점을 맞춥**시다.

Dialogue 2

🎧 NEG0202.mp3

First read the dialogue in Korean and then say it in English.
먼저 우리말 대화를 보고 영어로 말해 보세요.

Mr. Q	회의 전에 우리의 목표를 명확히 할 필요가 있어요.
Elly	맞습니다. 우리가 이번 회의에서 무엇에 **초점을 맞춰야** 한다고 생각하나요?
Mr. Q	우리의 목표는 그들과 **장기적인 관계를 구축하는** 것이어야 합니다.
Elly	가격은 어떤가요? 우리가 얼마나 양보할 수 있죠?
Mr. Q	그것도 중요한 요소죠. 가격을 너무 낮추면 **결국에는** 문제가 생길 수 있어요.
Elly	제가 알기로 그들은 너무 빡빡한 마감시한을 요구하는 걸로 유명한데.
Mr. Q	맞아요. 마감시한에 대해서도 **타협할** 필요가 있어요.

[스크립트]

Mr. Q	We need to clarify our goal before the meeting.
Elly	That's right. What do you think we should **focus on** in this meeting?
Mr. Q	Our goal should be to **build a long-term relationship** with them.
Elly	How about the price? How much of a concession can we make?
Mr. Q	That's also an important factor. If we lower our price too much, we may have a problem **in the long run**.
Elly	As far as I know, they are notorious for imposing too tight a deadline.
Mr. Q	Right. We also need to **make a compromise** on the deadline.

Mr. Q's Story

🎧 NEG0203.mp3

Listen to the situation and answer the questions below.
다음 내용을 듣고 아래의 질문에 답해 보세요.

1 What kinds of products does Mr. Q's company make?

ⓐ Smartphones
ⓑ Tablet computers
ⓒ Laptop computers
ⓓ Desktop computers

2 What does Mr. Ruckus want to do?

ⓐ Maximize profits
ⓑ Build a long-term relationship
ⓒ Conduct a series of meetings
ⓓ Demand a lower price

3 If you were Mr. Q, how would you persuade Mr. Ruckus of your position?

[스크립트]

As the chief researcher of the product development department of a tablet PC manufacturer, Mr. Q has successfully led his team in developing a new tablet PC with a highly sensitive touch screen pen. Yesterday, an online PC vendor contacted his company and suggested an exclusive deal with them. In return they would order Mr. Q's company's new product in bulk orders, at least 200 products per order.

Mr. Q will meet the online vendor with Mr. Ruckus, the marketing manager of his company. Mr. Ruckus thinks they should take this opportunity to maximize their profits for their new product, and that they should demand a higher price than the vendor suggested.

However, Mr. Q thinks exclusive dealings with the vendor will limit their possibilities in the long run. He thinks his company should focus on building broader routes for their products, and should suggest other options to the vendor, like rapid production and bigger orders.

[해석]

태블릿 PC 제조사의 제품 개발부 수석 연구원인 미스터 Q는 고감도 터치 스크린 펜을 가진 새로운 태블릿 PC를 개발하면서 자신의 팀을 성공적으로 이끌었다. 어제 한 온라인 PC 판매자가 그의 회사에 연락해서 그들과의 독점 계약을 제안했다. 그 답례로 그들은 미스터 Q 회사의 신제품을 주문당 최소 200개의 대량 주문으로 사겠다고 제안했다.

미스터 Q는 자기 회사의 마케팅 매니저인 미스터 Ruckus와 함께 그 온라인 판매자를 만날 것이다. 미스터 Ruckus는 신제품의 수익을 극대화하기 위해서 이 기회를 잡아야 하고, 판매자가 제안한 가격보다 높은 가격을 요구해야 한다고 생각한다.

하지만 미스터 Q는 판매자와 독점 계약을 맺는 것은 장기적으로 자신들의 기회를 제한할 것이라고 생각한다. 그는 자신의 회사가 자기 제품에 대한 더 넓은 루트를 구축하는 데 중점을 두어야 하며, 그 판매자에게 신속한 생산과 더 많은 주문량 등의 다른 옵션을 제안해야 한다고 생각한다.

[정답] 1. ⓑ   2. ⓐ

Exercise

Fill in the blanks with the proper words to complete each sentence.
빈칸에 적절한 어휘를 보기에서 골라 넣어서 문장을 완성하세요.

보기	ⓐ exclusive deal	ⓑ maximum profit	ⓒ long-term relationship
	ⓓ persuade	ⓔ need this deal	

1. 우리의 주요 목표는 **최대의 이익을 얻는** 것이어야 합니다.
   Our main aim should be to get the _____.

2. 저는 **장기적인 관계**를 구축하는 데 중점을 두고 싶습니다.
   I'd prefer to focus on building a _____.

3. 양측이 독점 계약을 체결할 수 있도록 **설득할** 수 있었습니다.
   We were able to _____ both sides to sign an exclusive contract.

4. 그들의 주요 목적은 우리와 **독점 계약**을 체결하는 것입니다.
   Their primary aim is signing an _____ with us.

5. 우리가 그들보다 **이 계약이** 더 **필요한** 것은 사실입니다.
   It's true that we _____ more than they do.

보기	ⓕ fledgling	ⓖ make a compromise	ⓗ lenient
	ⓘ better our image	ⓙ steep	

6. 그들과 일하는 것은 확실히 **우리 이미지를 향상시킬** 것입니다.
   Working with them will surely _____.

7. 우리는 상호 이익이 되는 지점에서 **타협을 해야** 합니다.
   We should _____ based on mutual profits.

8. 우리는 가격 책정에서 너무 **관대해서는** 안 됩니다.
   We shouldn't be too _____ in pricing.

9. 우리한테는 가격이 너무 **비싸더군요**.
   The prices are just too _____ for us.

10. **신출내기** 하드웨어 판매회사이지만, 그 회사는 더 낮은 가격을 제공하고 있었습니다.
    As a _____ hardware vendor, the company was offering lower prices.

[정답] 1. ⓑ 2. ⓒ 3. ⓓ 4. ⓐ 5. ⓔ 6. ⓘ 7. ⓖ 8. ⓗ 9. ⓙ 10. ⓕ

Business Case

Read the article below, summarize it and give your opinion.
아래의 글을 읽어보고 내용을 요약 한 후 자신의 생각을 말해 보세요.

Bookstore Wars: Hardball Tactics Gone Wrong

Barnes & Noble, as the last major retail bookstore chain in the United States, has been pressing publishers to get steep concessions to enable its survival against online retailers such as Amazon.com. The bookstore chain tried to negotiate for significantly reduced wholesale prices for Simon & Schuster's books and also tried to charge the publisher more to display its titles in its stores. When Simon & Schuster resisted, Barnes & Noble significantly reduced its orders of Simon & Schuster books and engaged in other various hardball tactics.

Given that Barnes & Noble sells about 20% of consumer books in the United States, Simon & Schuster editors and their associated agents and writers were enraged at the bookseller's hardball tactics. The two companies finally issued a joint statement saying they had resolved their disagreement. The details haven't been disclosed, but it was indicated that each side lost more than they gained during the months of impasse. Such hardball tactics often end up leading both parties to a truce.

---

online retailer 온라인 소매업체 | steep 급격한, 엄청난 | concession 양보 | wholesale price 도매가격 | resist 저항하다 | engage in ~에 종사하다 | hardball tactic 강경책 | associated 관련된 | enrage 격분하게 만들다 | joint statement 공동 성명 | impasse 교착 상태 | truce 휴전

해석

미국의 마지막 오프라인 대형서점 Barnes & Noble은 Amazon.com과 같은 온라인 서점과의 경쟁에서 살아남게 해줄 엄청난 양보를 얻어내기 위해 출판사들을 압박하고 있다. 이 대형서점 체인은 Simon & Schuster 출판사 서적의 상당한 도매가격 인하를 위해 협상하려고 했으며, 출판사들이 서적을 전시하는 데 드는 비용을 더 많이 부과하려 했다. Simon & Schuster 측이 거절하자, Barnes & Noble은 Simon & Schuster의 서적 주문을 대폭 줄였으며 다양한 강경책을 펼쳤다.

미국에서 서적의 20% 정도를 Barnes & Noble이 판매하는 것을 감안했을 때, Simon & Schuster 편집장과 관련 에이전트 및 작가들은 Barnes & Noble의 강경책에 격분했다. 결국 두 회사는 그들의 의견 충돌을 해결했다면서 공동성명을 발표했다. 자세한 사항은 밝혀지지 않았지만, 몇 달 동안의 협상교착 상태로 인하여 양측 모두 이익보다 손실을 더 감당해야 했던 것으로 밝혀졌다. 이러한 강경책은 종종 양측을 휴전에 이르도록 한다.

Choosing Negotiation Tactics

In this unit you will learn about choosing negotiation tactics.
이 Unit에서는 협상 전략 선택에 관해 배우겠습니다.

[preview]

Mr. Q   내일 협상을 위해서 어떤 전략을 쓸까?
Elly   협상 전략(negotiation tactic)이라고 하면 쓸 수 있는 것이 많지.
Mr. Q   뭐가 있는데?
Elly   Good guy & bad guy 전략, missing person 전략, hardball 전략 등이 있지.
Mr. Q   헉, 뭘 쓰지?
Elly   상대가 누구이고 우리의 목표가 무엇인지 따라서 결정해야지.
Mr. Q   그렇구나.
Elly   자 빨리 들어가서 준비하자.

Expressions

Go over some useful expressions by reading the following example sentences aloud.
다음 예문들을 소리 내어 읽으면서 협상에 쓰이는 유용한 표현들을 익혀보세요.

❶ always work best

'언제나 제일 효과가 있다'라는 뜻으로 여기서 work는 '작동하다, 효과를 내다'라는 의미입니다.
Tylenol **always works best** for my headaches.
This tactic **always works best** for these kinds of negotiations.
내 두통에는 타이레놀이 **늘 제일 잘 들어요**.
이런 협상에서는 이 전략이 **늘 효과가 가장 좋습니다**.

❷ act as if we have limited authority

비즈니스 협상 기술의 하나로 마치 '권한이 제한되어 있는 것처럼 행동하다'라는 뜻입니다.
We might have to **act as if we have limited authority** in the meeting with our major supplier today.
Their business counterparts **acted as if they had limited authority** during the negotiation process.
오늘 우리 회사 주요 공급업체와의 회의에서 우리는 마치 **권한이 한계가 있는 것처럼 행동해야** 됩니다.
그 비즈니스 상대는 협상 내내 자신들의 **권한이 한계가 있는 것처럼 행동했습니다**.

❸ use the missing person tactic

결정권을 가진 사람이 협상에 빠져서 거래를 성사시키지 못하는 것처럼 하여 시간을 버는 전략입니다.
They **used the missing person tactic** at today's meeting.
The deal hasn't been concluded as our business counterpart **used the missing person tactic**.
그들은 오늘 회의에서 **결정권자 부재 전략을 폈습니다**.
우리 거래처가 **결정권자 부재 전략을 펼쳐서** 그 거래는 결국 끝내지 못했습니다.

❹ play hardball

'단호한(엄격한) 조치를 하다', 또는 '경직된(강경한) 입장을 취하다'라는 뜻입니다.
The company is **playing hardball** with the labor union that has been on a strike.
The opposition party **played hardball** on the issue of minimum wage.
그 회사는 파업하고 있는 노조에 대해 **강경한 입장을 취하고 있습니다**.
야당은 최저임금에 대한 안건에 **단호한 입장을 취했습니다**.

❺ back someone up

'다른 사람을 뒷받침하다(도와주다)'라는 뜻입니다.
Can you **back me up** while I'm presenting?
It would be nice if you could **back them up** this time.
내가 발표하는 동안 **저를 도와 줄** 수 있나요?
이번엔 당신이 **그들을 도와 주면** 좋을 것 같아요.

❻ play the good guy[bad] guy

비즈니스 전략으로 한 사람은 착한 역할을 맡고 다른 한 사람은 나쁜 역할을 맡아 bad guy가 공격적으로 행동한 후에 good guy가 사과함으로써 상황을 좋게 만들어 자기가 제안한 것을 상대가 받아들이게 유도하는 것을 의미합니다.
You **play the good guy and I'll play the bad guy** in tomorrow's meeting.
John and Anna **played the good guy and bad guy** respectively.
내일 회의에서는 당신이 **착한 역할을 하고 제가 나쁜 역할을 맡겠습니다**.
John과 Anna는 각각 **착한 사람과 나쁜 사람의 역할을 했습니다**.

❼ sweeten the deal

비즈니스 거래에 있어 '조건을 덧붙여 구미를 당기게 만들다' 라는 의미입니다. sweeten up으로도 쓸 수 있습니다.
She **sweetened the deal** by adding free samples with the purchase.
They **sweetened up** the business transaction with a little extra money.
그녀는 공짜 샘플을 준다는 조건을 덧붙여 **거래를 구미당기게 만들었습니다**.
그들은 약간의 현금을 더해서 **거래의 조건을 구미당기게 만들었습니다**.

❽ test the waters

'상황을 미리 살피다, 사정을 알아보다'라는 뜻이 됩니다.
They are **testing the waters** to see if the new technique could improve production efficiency.
The company is **testing the waters** with its new product.
그들은 새로운 기술이 생산 효율을 향상시킬 수 있는지 **미리 살피고 있습니다**.
그 회사는 새로운 신제품으로 **상황을 살피고 있습니다**.

Vocabulary

Before starting the main study, go over the following key vocabulary words.
본 학습을 시작하기 전에 아래의 주요 어휘들을 익혀보세요.

1 tactic

'전술, 전략, 수단'이라는 의미의 단어로 주로 비즈니스, 군사, 스포츠, 또는 정치용어로 많이 쓰입니다.
The military **tactics** that were used during the Iraq War were quite sensational.
He displayed splendid business **tactics** while he was attending the business forum.
이라크 전쟁 중 사용된 군사 **전략**은 꽤 놀랄만 했습니다.
그는 비즈니스 포럼에 참가하는 동안 가히 멋지다 할 만한 비즈니스 **전략**들을 보여주었습니다.

2 lowball

'(비용, 가치 등에 대해 고의적으로) 지나치게 낮은 견적을 내다'의 의미입니다. 명사와 동사로 모두 사용되며, 반대말은 highball입니다.
The auction was full of **lowball** bidders.
The existing supplier was **lowballing** the cost of the latest models on the bid for the next contract.
그 경매는 **지나치게 낮은 견적을 내는** 입찰자들로 가득했습니다.
기존 공급업자가 다음 계약 입찰을 따내려는 심산으로 최신모델에 대해 아주 **싸게 견적**을 냈습니다.

3 backfire

'역효과를 내다' 또는 '실패하다'라는 뜻입니다. 유사어는 fail, flop 등이 있습니다.
The policy that was newly implemented by the education minister will **backfire**.
This type of political campaign will surely **backfire**.
교육부장관에 의해 새롭게 시행된 정책은 **역효과를 낼** 것입니다.
이러한 종류의 정치적 캠페인은 분명히 **역효과를 낼** 것입니다.

4 quote

비즈니스 거래 시 '가격 또는 견적'을 낼 때 쓰이는 말입니다. 동사로도 쓸 수 있습니다.
Can you send a price **quote** for the new order?
We are requesting a confirmed **quote** for the item NT300.
새로 받은 주문의 가격 **견적서**를 보내주세요.
아이템 NT300의 확정된 **견적가**를 보내주시기 바랍니다.

⑤ manipulative

'뜻대로 조종하는' 또는 '수완이 좋은'이라는 의미로 쓰입니다.
She could be quite **manipulative** when it comes to money.
That businessman is very **manipulative** when he tries to make a deal.
그녀는 돈에 관한 한 꽤 **수완이 좋습니다**.
그 사업가는 거래를 성사시키려고 할 때 상대를 잘 **조종합니다**.

⑥ intimidate

'두려움에 떨게 하다, 협박하다'라는 의미가 있습니다. 반대말로 calm, assure, comfort를 쓸 수 있습니다.
When they seized power in the region, the locals were **intimidated**.
The arrival of the latest series of Latex phones **intimidated** competitors in the field.
그들이 그곳을 장악했을 때 그 지역 사람들은 **두려움에 떨었습니다**.
새로운 Latex 폰 시리즈의 출현은 그 분야 경쟁업체들을 **두려움에 떨게 했습니다**.

⑦ authority

'권한, 지휘권, 당국'의 뜻을 가진 단어입니다.
She now has **authority** over the people who used to be her bosses.
Only the manager has the **authority** to sign cheques.
그녀는 이제, 예전에 자기 상사였던 사람들에 대한 **지휘권**을 쥐고 있습니다.
부장만이 수표에 서명할 **권한**이 있습니다.

⑧ anticipation

anticipate이라는 동사에서 파생된 명사로서 '예상, 기대'의 뜻을 가지고 있습니다. 유의어로는 expectation이 있습니다.
Not everyone engaging in the negotiation was so high with **anticipation**.
Stocks didn't tumble in **anticipation** of a small improvement in existing home sales.
협상에 참여한 사람들 모두 **기대**가 높았던 것은 아니었습니다.
기존 주택 판매 실적에 대한 약간의 **기대감**으로 주가가 크게 주락하진 않았습니다.

Dialogue 1 🎧 NEG0301.mp3

Listen to the dialogue and then read it aloud.
대화를 듣고 소리내어 따라 읽어 보세요.

Mr. Q	It's time to prepare some strategies for our negotiation.
Elly	Absolutely. What kind of **tactics** could we use?
Mr. Q	You know using competition tactics **always works best**. Let's refer to our deal with Boston-Pac.
Elly	Great. I'll **back you up** by suggesting the actual sales record. 1,000 heavy duty boxes with the unit price of $0.78, right?
Mr. Q	Right. I'll ask them if they could match that.
Elly	We could also **use the missing person tactic**. When they ask for a final decision, we'll **act as if we have limited authority**.
Mr. Q	Sure. That way, we can delay our decision. And let's team play. I'll **play the good guy, and you play the bad guy**.
Elly	But I'm afraid that could **backfire**. That could make us look too **manipulative**.
Mr. Q	Okay. Anyway, we have enough **tactics** now. Let's rehearse them prior to the meeting.

[해석]

Mr. Q	협상 전략을 준비할 시간입니다.
Elly	좋아요. 우리가 어떤 **전략**을 사용할 수 있을까요?
Mr. Q	알다시피 경쟁 전략을 사용하는 게 **늘 효과가 가장 좋죠**. Boston-Pac 사와의 계약을 참고합시다.
Elly	좋아요. 실제 판매 기록을 제의해서 **지원할게요**. 단가 78센트에 대형 박스 1,000개, 맞죠?
Mr. Q	맞아요. 저는 그들에게 그것에 맞출 수 있을지 물어볼게요.
Elly	우리는 또한 **결정권자 부재 전략**을 사용할 수 있어요. 그들이 최종 결정을 요청할 때 우리는 **우리 권한이 제한적인 것처럼 굴 거예요**.
Mr. Q	물론이죠. 그러면 우리는 결정을 미룰 수 있어요. 그리고 팀 플레이를 합시다. 내가 **착한 역을 맡을 테니, 당신이 나쁜 역을 맡으세요**.
Elly	하지만 그것이 **역효과를 초래할까** 걱정이에요. 그건 우리를 너무 **교활해** 보이게 만들 수도 있어요.
Mr. Q	좋습니다. 어쨌든 우리는 지금 충분한 **전략**을 가지고 있네요. 미팅 전에 리허설 합시다.

Dialogue 2 🎧 NEG0302.mp3

First read the dialogue in Korean and then say it in English.
먼저 우리말 대화를 보고 영어로 말해 보세요.

Elly	상사가 나에게 내일 West-Pac 측과의 협상 진행 **권한**을 줬어요.
Mr. Q	잘됐어요. 어떤 협상 **전략**을 사용하려고 하죠?
Elly	우리의 목표는 West-Pac 측이 대량 주문을 약속하게 하는 겁니다.
Mr. Q	음, 근데 쉽지 않을 수도 있겠어요. 왜냐하면 우리 회사가 West-Pac과는 처음으로 거래하는 거라서.. 우선, 제 경험상으론 소량 주문을 유도하는 것이 **가장 좋은 것** 같아요.
Elly	좋아요. 상대 측이 **상황을 알아보게** 해주는 거죠. 그런 다음 상대 측이 나중에 대량주문에 합의하면 우리 측이 가격인하를 해준다는 거래 **조건을 덧붙이는** 거예요.
Mr. Q	아, 우리 측이 **강경한 입장**을 취하는 것이 아니고요?
Elly	네, 아닙니다. 그치만 그들이 **권한이 제한되어있는 것처럼 행동하면**, 즉 결정권자 부재 전략을 쓰면 역효과가 날거라는 것은 확실해요.
Mr. Q	내 생각에 그게 현명한 접근 방법인 것 같아요. 내일 어떤 일이 생기든, 내가 **지원해줄께요**.
Elly	음, 일단 우리 측이 상대 측에게 인하된 **가격**을 **제시할** 경우 하한선을 정해보도록 하죠.

[스크립트]

Elly	So the boss has given me **authority** to lead tomorrow's negotiation with West-Pac.
Mr. Q	Great. What sort of **tactics** do you want to use?
Elly	Well, our goal with West-Pac is to get them to commit to a bulk order.
Mr. Q	Hmmm. That might not be easy since this is our first time doing business with them. At first, negotiating smaller orders **always works best** in my experience.
Elly	Right. So that they can **test the waters**. And then we'll offer to **sweeten the deal** with extra discounts if they agree to order in larger quantities later on.
Mr. Q	Ah. So we're not going to **play hardball** with them?
Elly	No, we're not. But at the same time, I want to make it clear that if they try to **use the missing person tactic** on us it will **backfire**.
Mr. Q	I think that's a wise approach. Whatever happens tomorrow, I'll **back you up**.
Elly	Well, let's decide our bottom line for when we **quote** them discounted prices.

Mr. Q's Story   NEG0303.mp3

Listen to the situation and answer the questions below.
다음 내용을 듣고 아래의 질문에 답해 보세요.

1 Why did Mr. Q end the partnership with his previous provider?

   ⓐ High prices
   ⓑ Late deliveries
   ⓒ Low product quality
   ⓓ Too much fakery

2 What is the problem with his new provider?

   ⓐ Price
   ⓑ Warranty
   ⓒ Product specification
   ⓓ Customer service

3 Should Mr. Q stick to his plan or accept Mr. Dew's suggestion? Why?

[스크립트]

   Mr. Q is the general manager of a lawn trimmer manufacturer. His company has recently terminated a contract with a hydraulic motor provider. The contract was originally for a year, but was terminated after six months as the company had repeatedly failed to meet quality standards. After receiving several quotes, Mr. Q chose a new provider. Their product specification was good, but the price was about 5% higher than the previous company's.
   Mr. Q is now discussing how to negotiate the price with Mr. Dew, his purchasing manager. Mr. Dew suggests making some false remarks about their previous deal – that the previous provider passed along their products at a 10% lower price. However, Mr. Q thinks the company is sure to know the general prices in their field and won't believe it. Mr. Q thinks product quality is most important, and is worried such fakery may make the company walk away. He also thinks that they need to focus on mutual benefits to ensure a long-term deal.

[해석]

   미스터 Q는 잔디 관리기 제조사의 총책임자이다. 그의 회사는 최근에 유압 모터 공급업자와의 계약을 종료했다. 계약은 원래 1년이었지만, 그 회사가 반복적으로 품질 기준을 충족시키지 못해 6개월 만에 종료되었다. 미스터 Q는 몇 개 회사로부터 견적을 받은 후, 새 공급업자를 선택했다. 그들의 제품 사양은 좋았지만, 가격이 이전 회사보다 5% 정도 높았다.
   미스터 Q는 구매부장인 미스터 Dew와 가격 협상을 어떻게 할지를 논의하고 있다. 미스터 Dew는 이전 계약에 대해 이전 공급업자는 10% 낮은 가격에 제품을 공급했다는 거짓 언급을 할 것을 제안한다. 하지만 미스터 Q는 그 회사가 이 분야에서는 일반적인 가격을 확실히 알고 있으니, 믿지 않을 것이라고 생각한다. 미스터 Q는 제품 품질이 가장 중요하다고 생각하며 그런 속임수가 그 회사로 하여금 협상 테이블에서 철수하게 만들 수도 있다고 걱정한다. 그는 장기 거래를 확실히 하려면, 상호 이익에 초점을 맞출 필요가 있다고 생각한다.

[정답]   1. ⓒ   2. ⓐ

Exercise

Fill in the blanks with the proper words to complete each sentence.
빈칸에 적절한 어휘를 보기에서 골라 넣어서 문장을 완성하세요.

보기	ⓐ sweeten the deal	ⓑ always works best	ⓒ have limited authority
	ⓓ quote	ⓔ tactics	

1. 가격 협상에서는 이 전략이 **늘 효과가 제일 좋아요**.
   This tactic _____ in price negotiations.

2. 상대방 비즈니스 파트너들은 마치 자신들의 **권한에 한계가 있는** 것처럼 협상에 임했습니다.
   The business counterparts acted as if they _____ during the negotiation process.

3. 새로운 주문 **견적가**를 보내주시겠어요?
   Can you send a _____ of the new order?

4. 그녀는 공짜 샘플을 더 줌으로써 **거래가 구미 당기게끔 만들었습니다**.
   She _____ by adding free samples.

5. 당신은 적절한 협상 **전략**을 알고 있어야 합니다.
   You should be aware of proper negotiation _____.

보기	ⓕ manipulative	ⓖ intimidated	ⓗ missing person tactic
	ⓘ authority	ⓙ backfire	

6. 이러한 종류의 정치적 캠페인은 **역효과를 불러올** 것입니다.
   This type of political campaign will _____.

7. 그들이 그 지역을 점령했을 때 지역주민들은 **두려움에 떨었습니다**.
   When they seized power in the region, the locals were _____.

8. 그들은 매우 **교활하고** 말을 함부로 합니다.
   They are very _____ and verbally abusive.

9. 그녀는 우리와 협상할 **권한**을 가지고 있지 않습니다.
   She doesn't have the _____ to negotiate with us.

10. 그 회사는 우리에게 **결정권자 부재 전략**을 쓰려고 합니다.
    The company is keen on using the _____ on us.

[정답] 1. ⓑ 2. ⓒ 3. ⓓ 4. ⓐ 5. ⓔ 6. ⓙ 7. ⓖ 8. ⓕ 9. ⓘ 10. ⓗ

Business Case

Read the article below, summarize it and give your opinion.
아래의 글을 읽어보고 내용을 요약 한 후 자신의 생각을 말해 보세요.

THE MUSIC INDUSTRY'S THIN LINE

The Ray Daime plagiarism case serves as an example of the thin line in the creative music industry. Many suspected that Ray Daime committed copyright infringement when he released his breakout hit song "Sensation" which was similar in many ways to Tom Louis's 1960's hit "Case in Point." Louis's surviving family eventually filed a lawsuit claiming that "Sensation" indeed copied "Case in Point" and asked for unspecified damages. While Daime said that he was aware of the Louis song when he wrote "Sensation" he denied that he committed copyright infringement and filed a countersuit.

The ugly dispute alienated fans of Ray Daime, Tom Louis and the music industry in general. It cast a pall over the music industry's recent resurgence and serves as an important lesson of the value of solving disputes privately either through negotiation or mediation.

plagiarism 표절 | suspect 의심하다 | copyright infringement 저작권 침해 | unspecified 명시되지 않은 | countersuit 맞고소 | alienate 소원하게 만들다 | cast a pall 짙은 먹구름을 드리다 | resurgence 부활 | mediation 중재

해석

Ray Daime의 표절 사건은 창조적 음악 산업에 있어 모호한 기준의 한가지 예를 보여준다. 사람들은 Ray Daime이 그의 히트송인 "Sensation"을 발표 했을 때 많은 면에서 유사성을 가지는 Tom Louis의 1960년대 히트곡인 'Case In Point'의 저작권을 침해했다고 의심했다. Louis의 유족은 결국 "Sensation"이 "Case in Point"를 표절한 것이라 주장하며 고소했고 보상금을 요구했다. Daime은 그가 "Sensation"을 작곡할 당시 Louis의 노래에 대해 알고 있었다고 말하는 반면 그가 저작권 침해를 했다는 것에 대해서는 부인하며 반대 소송을 제기했다.

이 보기 좋지 않은 논쟁은 Ray Daime과 Tom Louis의 팬들과 전반적인 음악 산업 모두 소원해지게 만들었다. 이것은 최근 음악 산업의 부활에 찬물을 끼얹었고, 논쟁이 생기면 협상이나 중재를 통해 사적으로 해결하는 것이 중요하다는 점을 일깨워 주고 있다.

Making Compromises

In this unit you will learn how to make compromises during a negotiation.
이 Unit에서는 협상 도중 타협하는 것에 대해 배우겠습니다.

[preview]

Mr. Q   구매 담당자와 계속 협상 중인데 결론이 안 나오네.
Elly   뭐가 문젠데?
Mr. Q   양측이 원하는 게 달라서 가격 절충(meet halfway on a price)이 안 되고 있어. 그쪽에서는 자꾸 단가를 낮춰달라고(drop the unit price) 해. 우린 대량 주문(volume order)을 하는 경우에 한해서만 그렇게 해주겠다는 입장이고.
Elly   흠.. 어려운 상황이네.
Mr. Q   응. 아무도 양보를 하지(give a concession) 않고 있어.
Elly   우리 측 이윤(margin)에 대해 잘 생각해 보고 최저가(rock bottom price)를 제시해 봐. 우리 측이 양보를 해야 한다면 반드시 그 대가로 뭔가를 얻어내야 해(get something in return).
Mr. Q   그래야겠네. 충고 고마워.

Expressions

Go over some useful expressions by reading the following example sentences aloud.
다음 예문들을 소리 내어 읽으면서 협상에 쓰이는 유용한 표현들을 익혀보세요.

① meet halfway on a price

'가격을 반반씩 양보하여 타협하다(절충하다)'의 의미로 쓰입니다.
The two business counterparts **met halfway on a price**.
Labor and management agreed to **meet halfway**.
두 비즈니스 파트너는 **가격 절충**을 위해 합의를 봤습니다.
노사 양측이 **반반씩 양보하는 것으로** 합의했습니다.

② rock bottom price

rock bottom은 '바닥' 또는 '최저'라는 뜻으로 rock bottom price는 '최저 가격'을 의미합니다.
You can buy everything at **rock bottom prices** from the store that is currently having a going out of business sale.
Due to the economic recession, a lot of apparel businesses are selling their goods at **rock bottom prices**.
지금 폐점 세일하고 있는 그 가게에서 뭐든 **최저가**로 살 수 있어요.
불경기로 인해 많은 의류 회사들이 **최저가**에 물건을 팔고 있어요.

③ drop the unit price

'단가를 낮추다'라는 뜻입니다. 이때 drop 대신 lower라는 동사를 쓸 수 있으며, '단가'는 unit price 또는 price per unit이라고 표현합니다.
We will **drop the unit price** of our product to $10.50.
Making a bulk order will **lower the unit price** of your items.
저희 제품 **단가를** 10.50 달러로 **낮춰 드리겠습니다**.
대량 주문을 하시면 물건의 **단가가 낮아질 것입니다**.

④ have a margin

'이윤이 남다'라고 할 때 쓰는 표현입니다. '20%의 이윤이 남다'라고 하려면 have a 20% margin과 같이 표현합니다. 참고로 '이윤율'은 margin rate라고 합니다. margin의 의미를 보다 정확히 하기 위해 profit margin이라고 쓰기도 합니다.
Would we still **have any margin** left at that price?
We are trying to **have a** larger **margin** on low-cost products.
그 가격에도 여전히 **이윤이 남나요**?
저희는 원가가 낮은 제품들로 **이윤을** 더 많이 **남기려고** 하고 있어요.

5 set up the bottom line

bottom line은 하한선의 뜻으로 '하한선[마지노선]을 정하다'의 뜻입니다.
We have to **set up the bottom line** when it comes to pricing the item NT 300.
Once you **set up the bottom line**, you have to stick to it.
NT 300 품목 가격책정에 있어 **마지노선을 정해야** 합니다.
하한선을 정했으면 그것을 지켜야 합니다.

6 stick to one's opinion

'~의 의견을 고수하다' 라는 뜻으로 stick to one's guns와 일맥상통하는 표현입니다.
No matter what happens, **stick to your opinion**.
He's so easily manipulated. He believes whatever people say and doesn't **stick to his opinions**.
무슨 일이 있어도 **당신의 의견을 고수하세요**.
그는 잘 속아요. 사람들이 어떤 말을 하든지 다 믿고 **자기 의견을 고수하지** 않아요.

7 get something in return

in return은 '대신에, 답례로'라는 뜻입니다. 따라서 이 표현은 '그 대가로 무언가를 얻다'라는 뜻이 됩니다. 이때 get 대신에 gain이라는 동사를 쓸 수 있습니다. '그 대가로 아무것도 얻지 못하다'는 get[gain] nothing in return이라고 표현합니다.
When giving a concession, you should make sure to **get something in return**.
You offered a strategic discount because you expected to **gain something in return**.
양보를 할 때는 반드시 그 **대가로 무언가를 얻어야**만 해요.
전략적인 할인을 해준 것은 그 **대가로 뭔가를 얻길** 기대했기 때문이죠.

8 pay up front

'서비스를 받기 전 먼저 비용을 지불하다, 즉 선불하다'의 의미입니다
They had to **pay** the lawyer **up front**.
Let me remind you to **pay up front** on your order.
그들은 변호사에게 **선불로 지불할** 수 밖에 없었습니다.
주문시 **선불로 결제해** 주세요.

Vocabulary

Before starting the main study, go over the following key vocabulary words.
본 학습을 시작하기 전에 아래의 주요 어휘들을 익혀보세요.

❶ compromise

'타협하다, 절충하다'란 뜻입니다. 명사로도 사용 가능한데 이 경우에는 make를 붙여서 make a compromise로 쓸 수도 있습니다.

To do business, you need to **compromise** with your clients.
I tried to **compromise** on the unit price of the chairs provided by our supplier.

사업을 하려면 고객과 **타협하여야만** 합니다.
우리 공급사로부터 받는 의자의 단가를 **절충하려고** 노력하였습니다.

❷ concession

'양보'라는 뜻이고 동사형은 concede입니다. 많은 경우에 '양보하다'라는 뜻으로 make a concessions 를 씁니다.

Do you think it's a good idea that we're making **concessions** on these deals?
They are waiting for the other side to make a **concession**.

우리가 이번 거래에서 이렇게 **양보**하는 것이 좋은 생각일까요?
그들은 반대 쪽이 **양보**할 때까지 기다리고 있어요.

❸ volume order

bulk order와 같은 의미로 '대량 주문'을 의미합니다.

The lead time for the **volume order** we received yesterday might be much longer than expected.
Volume ordering is usually cost-effective.

어제 들어온 **대량 주문**의 납품소요 시간은 아마도 생각한 것보다 훨씬 오래 걸릴 듯 합니다.
대량 주문은 보통 비용 면에서 효과적입니다.

❹ leverage

'지렛대 효과' 또는 '영향력'을 의미하는 격식체입니다.

Our team didn't have much **leverage** during yesterday's negotiations.
That's why a third party with **leverage** is required.

우리 팀은 어제 협상에서 **영향력**이 별로 없었습니다.
그래서 **영향력** 있는 제3자가 필요한 것입니다.

⑤ black out

black out의 가장 기본적인 의미는 '~을 정전시키다'입니다. 여기서 더 나아가 '방송을 통제하다, 텔레비전 방송을 금지시키다'라는 의미로 쓰입니다.

ABC Network should've lowered the bill when some of its channels were **blacked out**.
DISH Network has **blacked out** some channels from Time Warner Broadcasting.
ABC Network는 자사의 몇몇 채널들이 **방송 통제**가 되었을 때 요금을 낮췄어야 했습니다.
DISH Network는 Time Warner 방송국의 몇몇 채널들의 **방송을 금지하였습니다**.

⑥ persistent

'고집하는, 끈기 있는, 꾸준한'의 뜻이 있습니다. 비슷한 뜻으로 presevering, patient가 있습니다.

He's pretty **persistent**. He will make himself successful someday.
My partner was very **persistent** about his idea for remodeling the office.
그는 매우 **끈기있는** 사람으로 스스로 크게 성공할 겁니다.
나의 파트너는 사무실을 다시 리모델링 해야 한다는 그의 생각을 매우 **고집했습니다**.

⑦ solicit

'~을 요청하다, 구하다, 탄원하다'의 의미입니다. 비슷한 뜻으로 ask for, seek를 씁니다.

My subordinate **solicited** my help.
The newly organized political party is campaigning to **solicit** donations.
부하직원이 나에게 도움을 **요청했습니다**.
새롭게 조직된 정당은 기부금을 **구하기** 위한 캠페인을 하고 있습니다.

⑧ yield

'수익, 결과, 농작물 등을 내다'라는 뜻입니다. 명사로는 '수익'을 말합니다.

I believe this project will **yield** good returns.
This will give a **yield** of 10% on your investment.
이 프로젝트가 좋은 **수익을 낼** 것이라고 생각합니다.
이것이 당신의 투자에 10%의 **수익을 낼** 것입니다.

Dialogue 1

NEG0401.mp3

Listen to the dialogue and then read it aloud.
대화를 듣고 소리내어 따라 읽어 보세요.

Elly   As we could see from the buyer's reply, the key would be the price.

Mr. Q   But the price he suggested was ridiculous. The unit price he suggested for our ceramic bearings was 8 dollars, but 9 dollars per unit is the **rock bottom price** we could offer.

Elly   Why don't we offer to **meet** him **halfway on the price**?

Mr. Q   We will need to do that eventually. But you know there is one basic principle in negotiation—never be too quick to give a **concession**.

Elly   I know. Also, when giving a concession, we should make sure to **get one in return**.

Mr. Q   Exactly. So here's what we will do. We'll **drop our unit price** to 10 dollars at first, and emphasize how big the decision is to us. If he's still **persistent**, we'll drop the price to 9 dollars, but request a **bulk order** in return. We won't give any discount unless they order more than 200.

Elly   That's really clever. But would we still **have any margin** at that price?

Mr. Q   Sure. Signing an unprofitable deal is the last thing we will do. We'll still be able to **have a 20% margin**.

[해석]

Elly   바이어의 반응으로 판단하면 핵심은 가격입니다.

Mr. Q   하지만 그가 제안한 가격은 말도 안 돼요. 그가 제안한 세라믹 베어링의 단가는 8달러였지만, 개당 9달러가 우리가 제안할 수 있는 **최저가**예요.

Elly   **절충가를** 제안해보는 것은 어떨까요?

Mr. Q   결국에는 그럴 필요가 있을 거예요. 하지만 협상에서는 한 가지 기본 원칙이 있어요. 너무 급하게 **양보**를 해서는 안 된다는 거죠.

Elly   알아요. 또한 양보를 할 때는 반드시 그 **보답을 얻어야** 하죠.

Mr. Q   맞아요. 그래서 이것이 우리가 할 일이에요. 처음에 **개당 가격을** 10 달러로 **낮추고**, 그게 얼마나 큰 결정인지를 강조할 거예요. 그 사람이 여전히 **고집을 부리면** 가격을 9달러로 낮추겠지만, 그 대가로 **대량 주문**을 요구할 거예요. 우리는 200개 이상을 주문하지 않으면 더 할인해주지 않을 거예요.

Elly   정말 영리하군요. 하지만 그 가격에도 **마진이 있나요**?

Mr. Q   물론이죠. 수익이 없는 거래를 하는 것은 마지막에나 할 일이죠. 우리는 여전히 20%의 마진을 남길 수 있어요.

Dialogue 2 NEG0402.mp3

First read the dialogue in Korean and then say it in English.
먼저 우리말 대화를 보고 영어로 말해 보세요.

Mr. Q 그들과 **타협**을 하려고 최선을 다하고 있는데 꼼짝을 않네요.

Elly **대량 주문을 요청하는** 게 어때요?

Mr. Q 그 방법으로만 우리 **최저가**인 9달러에 제공할 수 있어요. 그들이 200개 이상 대량 주문하고 **선불로 지급할** 때만 그렇게 해줘야죠.

Elly 우리 가격을 먼저 10달러로 낮추고 그 다음에 9달러로 낮추죠. 그렇게 하면 설득이 될거에요. 그런데 부장님은 이 가격을 승낙 할까요?

Mr. Q 잘 모르지만 한번 결심하면 **의견을 고수하는** 편이세요.

Elly 남게 될 마진을 봤을 때 그렇게 큰 할인이 아니란 것을 알려주세요.

Mr. Q 맞아요. 그래도 **20% 마진이 남을 거에요**. 당신이 말하는 게 어때요? 매우 **끈질기시잖아요**.

[스크립트]

Mr. Q We're trying our best to reach a **compromise** with them but they won't budge.

Elly Why don't we **solicit** a large **volume order**?

Mr. Q I guess that's the only way we can offer the **rock bottom price** which is nine dollars. But, we'll only offer it if they make a bulk order of more than 200 units and **pay up front**.

Elly We'll lower our price to ten dollars and then again to nine dollars. That should convince them. But will our boss agree to this price?

Mr. Q I'm not sure but once he makes up his mind, he tends to **stick to his opinion**.

Elly Remind him that it's not that big of a discount, considering how much margin will remain.

Mr. Q That's right. We'll still **have a 20% margin**. Why don't you talk to him? You are very **persistent**.

Mr. Q's Story 🎧 NEG0403.mp3

Listen to the situation and answer the questions below.
다음 내용을 듣고 아래의 질문에 답해 보세요.

1 What kind of product does Mr. Q make?

　ⓐ Tents　　　　　　　　　　　　ⓑ Fabric
　ⓒ Wool　　　　　　　　　　　　ⓓ Clothes

2 Why does Mr. Kim want to do business with the mountaineering gear company?

　ⓐ It's a popular company.　　　　ⓑ It's an American company.
　ⓒ It's a big company.　　　　　　ⓓ It's a rich company.

3 Should Mr. Q agree with Mr. Kim or stick to his opinion? Why do you think so?

[스크립트]

　Mr. Q is the manufacturing manager of a Gore-Tex fabric supplier. His company has recently been contacted by a mountaineering gear company which makes Gore-Tex tents. Mr. Q's company generally sells its fabric at ten dollars per yard and the minimum order is 1,000 yards. However, the mountaineering gear company demanded $8.50 per yard and wants to order only 800 yards. They also want to get the fabric in two weeks while the usual deadline for such an amount is three to four weeks.
　Mr. Kim, the sales manager of Mr. Q's company, thinks they should meet halfway on the price, suggesting nine dollars per yard. Mr. Kim is eager to get a deal done because he thinks this is a great opportunity that could lead to a long time relationship with the company, which has recently become quite popular. However, Mr. Q is confident about the quality of the fabric and thinks that dropping the price would devaluate it. Instead, he thinks that they suggest reduced shipping costs and a guaranteed delivery of two weeks.

[해석]

　미스터 Q는 고어텍스 원단 공급사의 생산부장이다. 그의 회사는 최근에 고어텍스 텐트를 만드는 등산 장비 회사로부터 연락을 받았다. 미스터 Q의 회사는 원단을 야드 당 10달러에 팔고 최소 주문은 1,000 야드이다. 하지만 등산장비 회사는 야드 당 8.50달러를 요구하고, 800 야드만 주문하고자 한다. 또한 그만한 양의 주문 기한은 보통 3주에서 4주인데 그들은 2주 내에 원단을 받기를 원한다.
　미스터 Q 회사의 영업부장인 미스터 Kim은 야드 당 9달러의 가격 절충을 해야 한다고 생각한다. 그는 이것이 최근에 꽤 인기를 얻고 있는 그 회사와 장기적인 관계를 맺을 훌륭한 기회라고 생각하기 때문에 거래를 성사 시키고 싶어 한다. 하지만 미스터 Q는 원단의 품질에 자신이 있고, 가격을 낮추면 가치가 떨어질 것이라고 생각한다. 대신, 그는 운송 비용 할인과 2주 내 배달 보장을 제안하려고 생각하고 있다.

[정답]　1. ⓑ　　2. ⓐ

Exercise

Fill in the blanks with the proper words to complete each sentence.
빈칸에 적절한 어휘를 보기에서 골라 넣어서 문장을 완성하세요.

보기	ⓐ volume order	ⓑ leverage	ⓒ persistent
	ⓓ compromise	ⓔ rock bottom price	

1. 상사분과 **타협해봤나요**?
   Did you _____ with your boss?

2. 이번 새로운 모델을 이번 달에 **대량 주문**했습니다.
   We have made a huge _____ for the new model this month.

3. 650달러가 우리의 **최저가**입니다.
   650 dollars per unit is our _____.

4. 우리는 오늘 협상에서 **영향력**이 많이 없었습니다.
   We didn't have much _____ during today's negotiations.

5. Star Electronics 사의 최신 스마트폰 시리즈 수요가 **꾸준합니다**.
   Customer demand for the new series of Star Electronics' smartphones has been _____ / _____.

보기	ⓕ meet halfway	ⓖ pay up front	ⓗ yield
	ⓘ drop	ⓙ sticks to his opinion	

6. 이 서비스를 받기 전에 **선불로 내셔야** 합니다.
   You have to _____ for this service.

7. 그는 그 안건에 대해 **자신의 의견을 고수했습니다**.
   He really _____ on that agenda.

8. 가격을 **반반 절충하여** 이 미팅을 끝내도록 합시다.
   Let's _____ on the price and conclude this meeting.

9. 올해 연 **수익**이 얼마입니까?
   What is the annual _____ this year?

10. 단가를 10달러로 **낮추시면** 200개를 살게요.
    If you _____ the unit price to $10, I'll buy 200.

[정답] 1. ⓓ 2. ⓐ 3. ⓔ 4. ⓑ 5. ⓒ 6. ⓖ 7. ⓙ 8. ⓕ 9. ⓗ 10. ⓘ

Business Case

Read the article below, summarize it and give your opinion.
아래의 글을 읽어보고 내용을 요약 한 후 자신의 생각을 말해 보세요.

Time Warner Cable vs. CBS

In 2013, American cable company Time Warner Cable reported a huge loss of television subscribers. According to news reports, 306,000 of its 11.7 million subscribers dropped the company. This was attributed largely to an impasse with television network CBS over fees, which made Time Warner black CBS out of millions of homes on both the east and west coasts of the United States.

Eventually the two parties made an agreement which was viewed as a victory for CBS which won a promise of significantly higher fees for its programming in the blacked-out cities, from about one dollar per subscriber to two dollars. Time Warner halted the blackout and conceded in large part because it feared a mass exodus of subscribers if the dispute continued.

subscriber 구독자, 가입자 | attribute 결과로 보다 | impasse 교착 상태 | halt 멈추다 | ultimate 최종 | mass 대량의 | exodus 대탈출 | dispute 분쟁 | concede 인정하다

해석

2013년에 미국의 케이블 회사인 Time Warner Cable이 굉장히 많은 가입자들을 잃었다고 보도했다. 뉴스 보도에 따르면, 1170만 명의 가입자 중 30만 6천 명이 Time Warner사의 이용을 중지했다고 한다. 이는 요금 문제를 두고 CBS 방송국과 교착 상태에 있으면서 Time Warner사가 미국 동서부의 수백만 가정에 CBS 방송을 통제했던 것이 상당 부분 원인이었다.

결국 양측은 합의를 했고 CBS사의 승리로 보였는데, CBS 방송이 통제된 도시들에서 프로그램 요금을 가입자 당 1달러에서 2달러로 상당히 높이겠다는 약속을 받아냈기 때문이다. Time Warner사는 방송 통제를 중단하고 많은 부분을 양보했는데, 분쟁이 계속될 경우 가입자들이 대거 빠져나갈 것을 우려했기 때문이다.

Enterprise Rent-A-Car's Marketing Strategy

When a company makes its marketing strategies, it has to differentiate its products and services from its competitors', creating a unique selling point. It also has to decide the scope of its business – whether it will only operate in a single market or in a range of different markets. And, if it enters different markets, it needs to find the best way to enter them.

Enterprise Rent-A-Car is a good example of successful marketing strategy combining differentiation and expansion. It was founded by an entrepreneur named Jack Taylor in 1957 in Missouri, USA. It started with seven cars to rent to customers. Since then, it has become the largest

Case Study I

In this unit you will read an article on a business case and study useful expressions and vocabulary.

이 Unit에서는 비즈니스 상황에 대한 기사를 읽고 유용한 표현 및 어휘를 공부해 보겠습니다.

car rental company in North America with 5,400 home city locations and 419 airport locations.

Though it is a world-class enterprise, it has maintained its initial approach; a privately-owned business involving three generations of the Taylor family in its management. It is also run like a small business. The local managers of its branches make decisions based on the needs of each location. It allows the managers to respond to the external environment quickly with custom products and services. WeCar, a membership car-sharing program that offers customers eco-friendly cars with an affordable hourly rate, is operated only in the UK and the USA. Flex-E-Rent, a long term vehicle rental solution without the burden of corporate vehicle ownership, is operated in the UK only.

Enterprise Rent-A-Car has expanded its operations beyond its car rental business. In 1962, it established Car Sales, a used car sale business. In 1977, it purchased Keefe Coffee Company. It was to compensate for the loss from its used car sales which were going down at that time. Its expansion is still going on through mergers and acquisitions based on strict profitability analysis.

[해석]

기업이 마케팅 전략을 짤 때에는 자사의 제품과 서비스를 타사의 것과 차별화하여 상품이 지니는 독특한 장점을 개발해내야 한다. 또한 단일 시장에서만 시행할 것인가 여러 다른 시장에서 시행할 것인가와 같이 사업의 영역도 결정해야 한다. 그리고 서로 다른 여러 시장에 진입하고자 한다면 거기에 들어갈 가장 좋은 방법을 찾을 필요가 있다.

Rent-A-Car 사는 차별화와 사업 확장을 결합시킨 성공적인 마케팅 전략의 훌륭한 사례이다. 이 회사는 기업가인 Jack Taylor가 1957년에 미국 미주리에 설립하였다. 이 회사는 고객에게 렌트해줄 7대의 차량을 가지고 출발했다. 그 이후로 이 회사는 5,400 곳의 도시 지점과 419 개 공항 지점을 보유한 북미에서 가장 큰 렌트카 회사가 되었다.

이 회사는 세계적 수준의 기업이긴 하지만 경영에 Taylor 가족의 3대를 관여시키는 개인 소유 사업이라는 초기 방식을 고수해 왔다. 또한 소규모 업체처럼 운영되고 있다. 지점의 현지 관리자들은 각 지점의 필요에 따라 결정을 내린다. 이 회사는 관리자들이 맞춤형 제품과 서비스를 갖고 외부 환경에 빠르게 대응할 수 있게 해준다. WeCar라고 하는 회원제 차량 공유 프로그램은 고객들에게 환경친화적인 차량을 적당한 가격의 시간당 비용으로 제공하고 있는데, 이 프로그램은 영국과 미국에서만 운영되고 있다. Flex-E-Rent라고 하는, 회사 차량 소유권 부담이 없는 장기 차량 대여 솔루션은 영국에서만 운영되고 있다.

Rent-A-Car사는 차량 대여업을 넘어서는 영역으로 사업을 확장하였다. 1962년에 Car Sales라는 중고차 판매업체를 설립하였다. 1977년에는 Keefe Coffee Company를 매입했다. 이는 당시 하락하고 있었던 중고차 판매로 인한 손해액을 보상하려는 조치였다. 이 회사의 사업 확장은 철저한 수익성 분석에 근거한 인수 합병을 통해 아직도 진행 중이다.

Expressions

Go over some useful expressions by reading the following example sentences aloud.
다음 예문들을 여러 번 소리 내어 읽으면서 유용한 표현들을 익혀보세요.

① create a unique selling point

selling point란 판매자가 구매자에게 어필하는 '상품이나 서비스가 지닌 장점'이라는 뜻입니다. sales point라고도 합니다. 즉 이 표현은 '제품이 지닌 특별한 장점을 개발하다'라는 뜻이 됩니다.

Before promoting your product or service, you must **create a unique selling point**.
Invest in the areas your competitors are missing to **create a unique selling point**.
제품이나 서비스를 홍보하기 전에 그것만의 **독특한 장점을 개발해야** 합니다.
독특한 장점을 만들어 내려면 경쟁사들이 놓치고 있는 분야에 투자하십시오.

② decide the scope of business

scope of business는 '사업 범위'라는 뜻이므로, 이 표현은 '사업 범위를 결정하다'라는 뜻이 됩니다. decide 대신 determine도 쓸 수 있습니다.

Enterprise Rent-A-Car **decided the scope of its business** through rigorous market research.
I have yet to **decide** my company's **scope of business**.
Enterprise Rent-A-Car사는 철저한 시장 조사를 통해 **사업 범위를 결정했습니다**.
아직 저희 회사의 **사업 범위를 결정하지** 못했습니다.

③ be run like a small business

동사 run은 '~을 경영하다, 운영하다'라는 뜻입니다. be run은 수동태이므로 '운영되다'라고 해석하고 능동태로 쓸 경우에는 'run like a small business'의 형태로 쓰며, '회사를 소기업처럼 운영하다'라는 뜻입니다.

Walmart **is** sometimes **run like a small business**.
I **run** my company **like a small business** to bring in maximum profits.
월마트는 때때로 **소기업처럼 운영됩니다**.
최대 이익을 얻기 위해 저는 회사를 **소기업처럼 운영합니다**.

④ compensate for a loss

compensate for는 '~에 대해 보상하다'라는 뜻입니다. 따라서 이 표현은 '손실에 대해 보상하다, 손실을 메우다'라는 의미입니다. compensate의 명사형은 compensation(보상, 보상금)입니다.

The money wasn't enough to **compensate for the** great **loss**.
Nothing can **compensate for the loss** of time.
그 돈은 그 큰 **손실을 보상하기에** 충분치 않았습니다.
그 어떤 것도 시간적 **손실을 보상해주지** 못합니다.

Vocabulary

Go over the following key vocabulary words.
아래의 주요 어휘들을 익혀보세요.

❶ differentiate

'~을 차별화하다'라는 뜻의 동사입니다. 명사형은 differentiation으로, '차별화'라는 뜻입니다.

When a company makes its marketing strategies, it has to **differentiate** its products and services from its competitors'.

We are trying to find ways to visually **differentiate** our restaurant from the other ones in the city.

회사가 마케팅 전략을 짤 때에는 자사의 상품과 서비스를 경쟁업체의 것들과 **차별화시켜야** 합니다.
저희는 저희 식당을 시내의 다른 식당들과 시각적으로 **차별화시키려** 합니다.

❷ world-class

여기서 class는 '수준, 등급'이라는 뜻으로, world-class는 '세계적인 수준의, 세계 최상급의'라는 의미입니다.

The hotel was **world-class** in every way.

Our scientists and engineers are **world-class**.

그 호텔은 모든 면에서 **세계 최상급**이었습니다.
우리 과학자들과 기술자들은 **세계 최상급**입니다.

❸ custom products and services

'맞춤형 제품과 서비스'라는 의미입니다. custom은 '주문 제작한, 맞춤의'라는 뜻으로, custom-made와 바꾸어 쓸 수 있습니다.

The client only wants **custom products and services**.

Our company provides various **custom products and services**.

그 고객은 오직 **맞춤형 제품과 서비스**만을 원합니다.
우리 회사는 여러 가지 **맞춤형 제품과 서비스**를 제공합니다.

❹ affordable

'(가격이) 적당한'이라는 뜻의 형용사입니다. 이 의미일 때 reasonable과 바꾸어 쓸 수 있습니다.

The car-rental agency provides a very **affordable** hourly rate.

We sell our top-quality oak tables at the very **affordable** price of $500.

그 렌터카 업체는 아주 **적당한** 시간당 요금을 제공합니다.
저희는 최고 품질 참나무 테이블을 아주 **저렴한** 가격인 500달러에 판매합니다.

Exercise

Fill in the blanks with the proper words to complete each sentence.
빈칸에 적절한 어휘를 보기에서 골라 넣어서 문장을 완성하세요.

보기	ⓐ custom products and services	ⓑ run like a small business
	ⓒ world-class	ⓓ decide the scope of business

1. 아직 저의 새로운 회사의 **사업범위를 결정하지** 못했습니다.
   I have yet to _____ for my new company.

2. 그 음식은 많은 면에서 **세계 최상급**이었습니다.
   The food was _____ in many ways.

3. 그 고객은 오직 **맞춤 제품과 서비스**만을 원합니다.
   The client only wants _____.

4. 그 대기업은 때때로 **소기업처럼 운영됩니다**.
   The conglomerate is sometimes _____.

보기	ⓔ create a unique selling point	ⓕ differentiate
	ⓖ affordable	ⓗ compensate for the loss

5. 그 렌터카 업체는 아주 **적당한** 시간당 요금을 제공합니다.
   The car-rental agency provides a very _____ hourly rate.

6. 저희 호텔을 시내의 다른 호텔들과 시각적으로 **차별화시키려고** 노력 중입니다.
   We are trying to _____ our hotel visually from the other ones in the city.

7. 제품이나 서비스를 홍보하기 전에, 그것만의 **독특한 장점을 개발해야** 합니다.
   Before promoting your product or service, you must _____.

8. 자금은 **손실을 보상하기에** 충분치 않았습니다.
   The funds weren't enough to _____.

[정답] 1. ⓓ 2. ⓒ 3. ⓐ 4. ⓑ 5. ⓖ 6. ⓕ 7. ⓔ 8. ⓗ

Questions for Discussion

Read the following discussion questions and give your opinions.
아래의 토론 질문을 읽고 자신의 의견을 제시해 보세요.

1 Enterprise Rent-A-Car's branches are decentralized, granting freedom to local managers to make decisions. However, there are also many conglomerates that pursue uniformity in their management system to ensure that each of their branches offer high-quality products and services. What do you think are the advantages and disadvantages to each system?

_____
_____

2 For any corporation, exploring new business areas entails both opportunities and risks. What kind of risks could there be? What should companies consider when entering a new area?

_____
_____

3 Enterprise Rent-A-Car's WeCar program draws customers not only for its cheaper rate but also for its eco-friendliness by offering hybrid vehicles. Do you think it has a potential to draw Korean customers? Are you in favor of such services personally?

_____
_____

[해석]
1. Rent-A-Car사의 지점들은 분권화되어 있어 현지 관리자들이 결정을 내릴 수 있게 하고 있습니다. 하지만 많은 대기업들은 각 지점이 고품질의 제품과 서비스를 제공하도록 하기 위해 경영 시스템에 있어 획일성을 추구하고 있습니다. 각 시스템의 장점과 단점은 무엇이라고 생각합니까?
2. 어떤 기업이든 새로운 사업 영역을 개척하는 것은 기회인 동시에 모험입니다. 어떠한 위험 요소가 있을까요? 새로운 영역을 시작할 때 회사는 무엇을 고려해야 할까요?
3. Rent-A-Car사의 WeCar 프로그램은 저렴한 가격뿐만 아니라 하이브리드 차량을 제공하는 환경친화성으로 고객들을 끌어들이고 있습니다. 이 프로그램이 한국의 소비자들도 끌어들일 가능성이 있다고 생각합니까? 당신은 개인적으로 그러한 서비스를 좋아합니까?

Engaging in Cross-Cultural Negotiations

UNIT 06

In this unit you will learn how to engage in cross-cultural negotiations.
이 Unit에서는 다문화적 협상 과정에 대해 배우겠습니다.

[preview]

Mr. Q   내일 중국 고객사 사장님을 처음으로 만나기로 했는데 뭐라고 인사하지?

Elly   먼저 '만나서 정말 반갑습니다(It's a great honor to meet you)'라고 해. 그리고 나서 네 소개를 하고. 이건 어느 나라 사람을 만나든 마찬가지야.

Mr. Q   그렇구나. 고마워.

Elly   중국 회사하고 거래하는 게 이번이 처음이야?

Mr. Q   응. 중국 사람들은 어때? 시간 약속 지키는 걸 중요하게 생각하는(take time commitments seriously) 편이야?

Elly   물론이지. 시간 약속이나 마감 일정을 꼭 지켜야 해.

Mr. Q   아, 그렇구나. 역시 경험자에게 물어보길 잘 했네.

Expressions

Go over some useful expressions by reading the following example sentences aloud.
다음 예문들을 소리 내어 읽으면서 협상에 쓰이는 유용한 표현들을 익혀보세요.

❶ It's a great honor to do

'~하게 되어 영광입니다'라는 뜻의 표현입니다. '만나 뵙게 되어 정말 반갑습니다'라고 말할 때 It's a great honor to meet you, I'm honored to meet you, I'm very pleased to meet you 등과 같이 표현할 수 있습니다.

It's a great honor to meet you, Mr. Brown. I'm Susan from the sales department.
It's a great honor to meet you all. I'm Charles Boyle, the president of Mars Technology.
만나 뵙게 되어 정말 반갑습니다, 미스터 Brown. 저는 영업부의 Susan입니다.
모두들 만나 뵙게 되어 정말 반갑습니다. 저는 Mars Technology사의 대표 Charles Boyle이라고 합니다.

❷ you can call me A

형식적인 직함이나 full name보다 좀 더 편안하게 불릴 수 있는 자신의 호칭을 알려줄 때 '~라고 불러주세요'라는 의미로 이 표현을 씁니다.

Hi. My name is Robert Towns but **you can call me** Rob.
Hello. I'm Dr. Elizabeth Dickens. **You can call me** Liz.
전 Robert Towns라고 합니다만 Rob**이라고 불러주세요.**
안녕하세요. 저는 Elizabeth Dickens 박사입니다. 편하게 Liz**라고 불러 주세요.**

❸ despite one's busy schedule

despite은 '~에도 불구하고'라는 의미의 전치사로, 뒤에 반드시 명사가 옵니다. 따라서 이 표현은 '바쁜 일정에도 불구하고'라는 뜻입니다. 참고로, despite 대신 in spite of를 쓸 수 있습니다.

We thank you for completing the project earlier than expected **despite your busy schedule**.
Despite his busy schedule, he always finds time to exercise.
바쁜 일정에도 불구하고 예상보다 빨리 프로젝트를 끝내주셔서 감사합니다.
바쁜 일정에도 불구하고 그는 항상 운동할 시간을 냅니다.

❹ make a good impression

'좋은 인상을 주다'라는 뜻의 표현입니다. '좋은 인상을 주다, 좋은 인상을 남기다'라고 할 때 make 대신 give나 leave를 쓸 수 있습니다.

I blew my chance to **make a good impression** on the Chinese buyers.
Susan tries to **make a good impression** on everyone she meets.
중국 바이어들에게 **좋은 인상을 줄** 수 있는 기회를 날려버렸어요.
Susan은 만나는 모든 이에게 **좋은 인상을 주고자** 노력합니다.

⑤ have a loose approach to time

loose는 '느슨한'의 뜻으로 시간에 대해 느슨하게 접근한다는 것은 '시간 약속을 철저히 지키지 않다, 시간 관념이 철저하지 않다'라는 뜻입니다.

Latin Americans **have a loose approach to time**.
They came to the meeting late because they **have a loose approach to time**.
라틴 아메리카 사람들은 **시간 관념이 철저하지 않습니다**.
그들은 **시간 관념이 철저하지 않아서** 회의에 늦게 왔습니다.

⑥ take time commitments seriously

time commitments는 '시간 약속'을 뜻합니다. 따라서 이 표현을 직역하면 '시간 약속을 진지하게 생각하다'라는 뜻이 되는데, 이는 곧 '시간 관념이 철저하다, 시간 약속을 잘 지킨다'는 의미입니다.

Americans usually **take time commitments seriously**.
The enterprise is well known for **taking** their **time commitments seriously**.
미국인들은 보통 **시간 약속을 철저히 지킵니다**.
그 기업은 **시간 약속을 철저히 지키는** 것으로 유명합니다.

⑦ as a sign of friendliness

a sign of friendliness는 '호의, 친밀함의 표시'를 뜻합니다. 따라서 이 표현은 '호의로서, 호의로'라는 의미입니다.

Kevin smiled **as a sign of friendliness**.
Smiling is viewed across cultures **as a sign of friendliness**.
Kevin은 **친근함의 표시로** 환하게 미소를 지었습니다.
미소를 짓는 것은 여러 문화권에 걸쳐 **친근함의 표시로** 여겨집니다.

⑧ respect cultural differences

'문화적 차이를 존중하다'라는 의미입니다.

To do international trades well, **respecting cultural differences** is a must.
Expressing your **respect for cultural differences** should be delivered in a sophisticated way.
국제무역을 잘 하기 위해서는 **서로 다른 문화 차이를 존중하는** 것은 필수적입니다.
문화 차이에 대한 존중을 표현할 때는 세련된 방법으로 이루어져야 합니다.

Vocabulary

Before starting the main study, go over the following key vocabulary words.
본 학습을 시작하기 전에 아래의 주요 어휘들을 익혀보세요.

❶ cross-cultural

'문화가 교차하는, 여러 문화가 섞인'이라는 뜻의 형용사입니다.

Turkey is a very **cross-cultural** country. It would be a good idea to study its history and culture before you go on a business trip there.

Since they are a multinational company, it has a very **cross-cultural** atmosphere.

터키는 **문화적으로 다양한** 나라입니다. 출장 가기 전에 그 역사와 문화를 공부하면 좋을 것 같습니다.

그들은 다국적 기업이기 때문에 **여러 문화가 섞인** 분위기입니다.

❷ in person

'다른 사람을 통하지 않고, 직접'이라는 뜻입니다. 같은 의미를 지닌 부사로 personally가 있습니다.

Have you ever seen any celebrities **in person**?

Do I have to bring my resume **in person**?

유명인을 **직접** 본 적이 있습니까?

제가 이력서를 **직접** 가져와야 합니까?

❸ given name

태어날 때 주어진 '이름'을 의미합니다. first name이라고도 합니다. 참고로, 성은 family name 또는 surname이라고 합니다.

The **given name** of the most famous business tycoon is Edward.

Do you know the president's **given name**?

제일 유명한 비즈니스 거물의 **이름**은 Edward입니다.

사장님 **성함**이 뭔지 압니까?

❹ punctual

'시간을 엄수하는'이란 뜻이고 명사형은 punctuality입니다.

You can give your new business partner a good first impression by being **punctual**.

Punctuality is an essential business etiquette.

시간을 잘 지킴으로써 새 비즈니스 파트너에게 좋은 인상을 줄 수 있습니다.

시간 엄수는 필수적인 비즈니스 에티켓입니다.

⑤ perception

무엇에 대한 '지각이나 인식'을 의미하는 단어로, 비즈니스 회화에서는 특히 '회사가 제공하는 제품 및 서비스에 대한 느낌이나 생각'이라는 뜻으로 잘 쓰입니다.

What is their **perception** of our services?

They say **perception** is everything. Therefore, we need to prepare our first debut for the market flawlessly.

우리가 제공한 서비스에 대한 그들의 **인식**은 어떤가요?

어떻게 **인식**되느냐가 모든걸 좌우한다고 합니다. 그러니 시장에 데뷔하기 전 흠잡을 데 없이 준비해야 합니다.

⑥ relatively

'상대적으로, 비교적, 다소, 어느 정도'라는 의미로 회화에서 자주 쓰입니다.

Internet services are **relatively** cheap in Korea.

This type of steel has a **relatively** low carbon content.

한국의 인터넷 서비스는 **상대적으로** 저렴합니다.

이런 유형의 강철은 **비교적** 탄소 함유량이 낮습니다.

⑦ exhausted

'소모된, 바닥난'이라는 뜻의 형용사입니다. 사람에 대해 쓰일 때는 '매우 지친'이라는 의미로 쓰입니다.

The stock market was **exhausted** after the huge plummet on most indices.

Alex was so **exhausted** that he could not speak.

거의 모든 종목에서 엄청난 급락이 있은 후 주식시장은 **바닥을 쳤습니다**.

Alex는 너무 **지쳐서** 말을 할 수가 없었습니다.

⑧ dispatch

'~을 파견하다'라는 뜻의 동사입니다. dispatch + 파견대상 + to + 파견 장소'의 형태로 잘 쓰입니다.

Mr. Robertson was **dispatched** to the Korean branch last month.

Several members of the overseas sales department were **dispatched** to Beijing to prepare for the upcoming international trade fair.

지난 달에 미스터 Robertson이 한국 지사로 **파견되었**습니다.

베이징에서 있을 국제 무역 박람회를 준비하기 위해 해외영업부 직원 몇 명이 **파견되었**습니다.

Dialogue 1 NEG0601.mp3

Listen to the dialogue and then read it aloud.
대화를 듣고 소리내어 따라 읽어 보세요.

James How do you do? **It's a great honor to** finally meet you **in person**. I'm James Brooks, but **you can call me** James.
Awad How do you do? **I'm pleased to meet you**, too. My name is Ahmed Othman Awad. **You can call me** Awad.
James Okay, Mr. Awad. So, Awad is your family name, right?
Awad Right. Ahmed is my **given name**, Othman is my father's name and Awad is my family name. That's the way Saudi Arabian names are constructed.
James Wow, that's really interesting. By the way, thanks for being **punctual**. Actually, I've heard from my coworkers that Saudi Arabians tend to be late for appointments.
Awad Ha ha. That's true. We Saudi Arabians **have a relatively loose approach to time.** Some people call it 'polychronic culture.'
James Hmm. Then I guess I can call my culture 'monochronic.' In my culture, people **take time commitments** very **seriously**.
Awad I'm well aware of that because I've worked in the US for a few years. But my coworkers are typical Saudi Arabians. You'll need to understand that.
James Sure. Different cultures have different **perceptions** of time. I fully understand that I need to **respect those cultural differences.**

[해석]

James 처음 뵙겠습니다. 마침내 **직접 뵙게 되어 영광입니다.** 저는 James Brooks입니다. James라고 **부르세요.**
Awad 처음 뵙겠습니다. 저도 **만나서 반갑습니다.** 제 이름은 Ahmed Othman Awad입니다. Awad로 불러주세요.
James 그러죠. 미스터 Awad. Awad가 당신 성이죠, 그렇죠?
Awad 맞습니다. Ahmed는 **이름이고**, Othman은 제 아버지의 이름, Awad가 제 성입니다. 그것이 사우디 아라비아 이름이 지어지는 방식이죠.
James 와, 정말 흥미롭네요. 그런데 **시간을 지켜주셔서** 감사해요. 제 동료들이 사우디 아라비아인들은 약속에 늦는 경향이 있다더군요.
Awad 하하. 사실입니다. 우리 사우디 아라비아인은 **시간에 대해 느슨한 개념을 갖고 있는 편입니다.** 일부 사람들은 '다중시간 문화'라고 부르죠.
James 음. 그럼 저희 문화는 '단일시간'이라고 부를 수 있겠군요. 저희 문화에서는 사람들이 매우 **엄격하게 시간약속을 지키죠.**
Awad 저는 몇 년 간 미국에서 일해왔기 때문에 그것을 잘 알고 있어요. 하지만 저의 동료들은 전형적인 사우디 아라비아인들이죠. 그것을 이해해주셔야 할 겁니다.
James 물론이죠. 다른 문화는 다른 시간 **관념**을 가지죠. 저는 그러한 **문화 차이를 존중할** 필요가 있다는 걸 충분히 이해해요.

Dialogue 2

🎧 NEG0602.mp3

First read the dialogue in Korean and then say it in English.
먼저 우리말 대화를 보고 영어로 말해 보세요.

James 만나게 되어 반가워요. 제 이름은 James Brooks에요. **바쁘실텐데** 와 주셔서 감사합니다.

Awad 마침내 **만나 뵙게 되어 영광입니다**, 미스터 Brooks. 제 이름은 Ahmed Othman Awad입니다.

James 설마 Ahmed는 당신의 **이름**이고, Othman은 당신의 아버지의 성함이고, Awad은 당신의 성은 아니겠죠.

Awad 와우. 어떻게 아셨어요?

James 작년에 몇 달 동안 사우디 아라비아에 있는 지사로 **파견됐었거든요**.

Awad 음, 저는 **다문화** 소통에 대한 경험이 많이 없어요. 저에게 팁을 좀 주시겠어요?

James 미국인들은 중동 사람들보다 더 **시간을 잘 지킨다고** 말할 수 있겠네요.

Awad 맞아요, 우리 사우디 아라비아 사람들은 **시간 약속에 대해 관대해요**. 미국인들은 시간 관념이 훨씬 더 **철저한** 것 같아요.

James 가장 중요한 것은 우리가 **문화의 차이점을 존중한다는 것**을 보여주는 거라고 생각해요.

[스크립트]

James It's nice to meet you. My name is James Brooks. Thanks for coming **despite your busy schedule**.

Awad **It's an honor to** finally **meet you** Mr. Brooks. My name is Ahmed Othman Awad.

James Don't tell me, Ahmed is your **given name**, Othman is your father's name and Awad is your family name.

Awad Wow. How did you know that?

James I was **dispatched** to our office in Saudi Arabia for a few months last year.

Awad Well, I don't have too much experience with **cross-cultural** communication. Can you give me any tips?

James Well I guess I can tell you that we Americans tend to be more **punctual** than people from the Middle East.

Awad Yes, we Saudi Arabians **have a loose approach to time**. Americans seem to **take time commitments** much more **seriously**.

James I guess the most important thing is to show we **respect cultural differences**.

Mr. Q's Story 🎧 NEG0603.mp3

Listen to the situation and answer the questions below.
다음 내용을 듣고 아래의 질문에 답해 보세요.

1 What is Mr. Q in charge of?
   ⓐ Sales
   ⓑ R&D
   ⓒ Production
   ⓓ Accounting

2 What is recommended when dealing with Russian clients?
   ⓐ Communicating via email
   ⓑ Being casual
   ⓒ Being formal
   ⓓ Using your surname

3 How should Mr. Q lead the conversation with Mr. Barkov based on the information he got from his coworker?

[스크립트]
  Mr. Q is the sales manager of a gas processing equipment manufacturer in the US. He's been dispatched to Russia to negotiate a deal with a Russian natural gas plant. This is the day Mr. Q is going to meet Alexey Romanovich Barkov, the executive director of the gas plant. Mr. Q is waiting for Mr. Barkov in the meeting room of the gas plant, thinking of how to greet him and break the ice. He remembers what his coworker said, who dealt with Russian clients before. The information was as follows.
  - It is common to introduce yourself using only your surname when doing business in Russia.
  - Russians are people-oriented, so having informal contact outside business relationships is very important.

[해석]
  미스터 Q는 미국에 있는 가스 처리장비 제조사의 영업부장이다. 그는 러시아 천연가스 공장과의 계약을 협상하기 위해 러시아로 파견되었다. 이 날은 미스터 Q가 가스 공장의 전무이사인 Alexey Romanovich Barkov를 만나기로 한 날이다. 미스터 Q는 가스 공장의 회의실에서 어떻게 그와 인사를 하고 서먹한 분위기를 풀지를 생각하며 미스터 Barkov를 기다리고 있다. 그는 이전에 러시아 고객을 대했던 동료가 한 말을 기억한다. 그 정보는 아래와 같다.
  - 러시아에서 사업을 할 때는 성만 사용해 자신을 소개하는 게 일반적이다.
  - 러시아인들은 사람 중심이기 때문에 업무 관계 외의 비공식적인 접촉이 매우 중요하다.

[정답] 1. ⓐ   2. ⓓ

Exercise

Fill in the blanks with the proper words to complete each sentence.
빈칸에 적절한 어휘를 보기에서 골라 넣어서 문장을 완성하세요.

보기	ⓐ perception	ⓑ in person	ⓒ dispatched
	ⓓ relatively	ⓔ punctuality	

1 저는 그 일에 대해 전화가 아니라 당신과 **만나서 직접** 얘기하고 싶습니다.
   I'd like to discuss it with you _____, not over the phone.

2 한국의 인터넷 서비스는 **상대적으로** 저렴합니다.
   Internet services are _____ cheap in Korea.

3 **시간 엄수**는 필수적인 비즈니스 에티켓 중의 하나입니다.
   _____ is an essential business etiquette.

4 우리 서비스에 대한 그들의 **인식**은 어떤가요?
   What is their _____ of our services?

5 미스터 Park이 다음 달 뉴욕 지사로 **파견될** 것입니다.
   Mr. Park will be _____ to the New York office next month.

보기	ⓕ takes time commitments seriously	ⓖ respects cultural differences
	ⓗ despite his busy schedule ⓘ exhausted	ⓙ make a good impression

6 우리는 다국적 회사이기 때문에 **문화 차이를 존중하는** 사람을 필요로 합니다.
   We are a multinational company so we need a person who _____.

7 시간을 엄수함으로써 비즈니스 상대에게 **좋은 인상을 줄** 수 있습니다.
   You can _____ on your business partner by being punctual.

8 **바쁜 일정에도 불구하고** 그는 그 프로젝트를 시간 내에 끝냈습니다.
   _____, he pulled off the project in time.

9 저희 감독관님은 늘 시간을 엄수하십니다. 그는 **시간 관념이 투철하십니다**.
   Our supervisor is always punctual. He _____.

10 미스터 Jenkins는 일주일간의 출장을 마치고 **완전히 지쳤어요.**
   Mr. Jenkins was _____ after a week-long business trip.

[정답] 1. ⓑ 2. ⓓ 3. ⓔ 4. ⓐ 5. ⓒ 6. ⓖ 7. ⓙ 8. ⓗ 9. ⓕ 10. ⓘ

A Case Study From a Teacher's Strike

A famous negotiation case occurred when a dispute arose between Chicago area teachers and the city's school board. After being elected mayor of Chicago in 2011, Rahm Emanuel took a series of actions that infuriated Chicago schoolteachers. A promised pay raise was rescinded and the Illinois state legislature was encouraged to limit the issues the Chicago Teachers Union (CTU) could negotiate and strike over.

A year later, failed contract negotiations between the CTU and the City of Chicago led to a ten day strike. The CTU and the school board eventually reached an agreement that provided victories for both sides, including a longer school day and annual raises.

When a conflict looms, it can be tempting to try to make one-sided decisions on key issues for fear that negotiation with the other side will get deadlocked. This type of strategy may pay off in the short term, but it's important to factor in the long-term cost of a backlash.

Opening a Negotiation

UNIT 07

In this unit you will learn how to open a negotiation.
이 Unit에서는 협상을 시작하는 법에 대해 배우겠습니다.

[preview]

Mr. Q 오늘 싱가포르 고객사에서 방문한다며?
Elly   응, 첫 협상 날이야. 꼭 잘됐으면 좋겠어.
Mr. Q 그러게. 꽤 오랫동안(for some time now) 그들과 함께 일하길 간절히 바라왔잖아(keen to work with).
Elly   그쪽에서 우리 제품을 엄청 칭찬했대(give a compliment). 그래서 좀 우쭐한 기분이 들어(be flattered).
Mr. Q 우리 측에선 누가 협상을 이끌지?
Elly   영업부 책임자인(in charge of) 미스터 Collins야.
Mr. Q 아, 그분이구나. 걱정할 것 없겠네. 그분은 협상의 신이야 신.

Expressions

Go over some useful expressions by reading the following example sentences aloud.
다음 예문들을 소리 내어 읽으면서 협상에 쓰이는 유용한 표현들을 익혀보세요.

① be keen to work with

keen은 '간절히 ~하고 싶은'이라는 뜻의 형용사입니다. 따라서 이 표현은 '~와 함께 일하기를 간절히 바라다'라는 뜻이 됩니다. keen과 비슷한 의미의 형용사에는 eager, passionate 등이 있습니다.

Our company **is keen to work with** importers overseas.
The government **is keen to work with** Cuba by removing the embargo.
우리 회사는 해외 수입회사들**과 간절히 일하고 싶어합니다**.
정부는 수출입 제한을 해지함으로써 쿠바**와 협력하고 싶어합니다**.

② be flattered by

'~에 의해 우쭐해지다'라는 뜻입니다. 비슷하게 쓰이는 표현에는 be pleased by '~에 의해 기분이 좋다', be touched by '~에 감동받다' 등이 있습니다.

Kevin **was flattered by** his supervisor's praise after a successful presentation.
I'**m flattered that** you're interested in our product.
Kevin은 성공적인 프레젠테이션 후 상사의 칭찬을 듣고서 **기분이 우쭐해졌습니다**.
저희 제품에 관심이 있으시다니 **기분이 으쓱하네요**.

③ give someone a compliment

'~에게 칭찬하다'라는 의미입니다. 이때 compliment는 '칭찬'이라는 뜻의 명사로, '~에 대한 칭찬'은 compliment on[about]이라고 표현하고 동사로 쓰일 때는 그 자체로서 '~에게 칭찬하다'라는 의미가 됩니다.

John **gave** me **a compliment** about my new dress.
The client **complimented** me on not reacting defensively to criticism.
John이 내게 새 옷에 대해 **칭찬했어요**.
비판에 대해 방어적으로 대응하지 않은 것에 대해 고객이 나를 **칭찬했어요**.

④ be impressed by

'~에 의해 감명받다, ~에 깊은 인상을 받다'라는 뜻입니다. 이때 by 대신 with를 쓰기도 합니다. 감명받았다는 의미를 더욱 강조하려면 impressed 앞에 deeply를 씁니다.

We **are** deeply **impressed by** your company's efforts.
The CEO **was** deeply **impressed by** Mr. Q's presentation on the future of 3-D printing technology.
우리는 귀사의 노력에 깊은 **감명을 받았습니다**.
CEO는 미스터 Q의 3-D 프린팅 기술의 미래에 대한 발표를 듣고 크게 **감명을 받았습니다**.

❺ be in charge of

'~을 맡고 있다, 담당하다'라는 뜻입니다. in charge of 다음에 담당부서나 담당업무를 씁니다.
I **am in charge of** the overseas marketing department.
Susan **is in charge of** recruiting new employees for the first quarter.
저는 해외마케팅 부서**를 담당하고 있습니다**.
Susan은 1분기 신규채용**을 담당하고 있습니다**.

❻ head of

'회사 혹은 조직의 장 혹은 대표'라는 뜻입니다. 유의어로는 representative가 있습니다.
Mr. Lee is the **head of** Accounting.
John is the **head of** the Beijing branch.
미스터 Lee는 회계부서**의 대표입니다**.
John은 베이징 지사**의 대표입니다**.

❼ consult about

'~에 관해 상의하다, 논의하다'라는 뜻입니다. 비슷한 의미의 동사로 discuss가 있습니다.
We should **consult about** the bidding price.
The company and its client **consulted about** the deadline.
우리는 입찰가격**에 관하여 논의해야 합니다**.
그 회사와 고객사는 마감 기한**에 대해 논의했습니다**.

❽ for some time now

'지금까지 한동안, 오랫동안'의 뜻입니다.
Our company has been keen to work with you **for some time now**.
The Chinese yuan has been strong **for some time now**.
저희 회사는 **지금까지** 귀사와 일하기를 간절히 바래 왔어요.
중국 위안화가 **지금까지 한동안** 높게 지속되고 있어요.

Vocabulary

Before starting the main study, go over the following key vocabulary words.
본 학습을 시작하기 전에 아래의 주요 어휘들을 익혀보세요.

① rapport

'관계'라는 뜻의 명사입니다. '좋은 관계에 있다, 잘 맞다'는 have a good rapport처럼 쓰며, '~와 화합(일치)하고 있다'는 be in rapport with로 씁니다.
The company **has a good rapport** with their business partners.
The **rapport** between Samsung Electronics and Apple Inc. has worsened.
그 회사는 비즈니스 파트너들과 **좋은 관계를 맺고 있습니다**.
삼성전자와 Apple사의 **관계**가 악화되었습니다.

② state-of-the-art

'최첨단의, 최신식의'라는 의미의 형용사입니다. 유의어로는 cutting edge, high-tech 등이 있습니다.
Steve Jobs has designed a **state-of-the-art** smartphone called the iPhone.
A **state-of-the-art** gadget has been released for early adopters.
Steve Jobs는 아이폰이라 불리는 **최첨단식** 스마트폰을 고안했습니다.
얼리 어답터들을 위한 **최신식** 전자기기가 출시되었습니다.

③ indomitable

'불굴의'라는 의미의 형용사 입니다. 유의어로는 invincible, unbeatable 등이 있습니다.
The **indomitable** spirit of CFO has prevented his company from falling into bankruptcy.
Collin had an **indomitable** belief that he would develop the best portable computers.
재무이사의 **불굴의** 정신이 회사가 도산하는 것을 막았습니다.
Colin은 최고의 휴대용 컴퓨터를 개발하겠다는 **불굴의** 믿음을 가졌습니다.

④ reap

타동사로서 '좋은 결과들을 거두다, 수확하다'라는 뜻입니다. 유의어로는 get, receive, obtain 등이 있습니다. reap이 들어간 유용한 표현으로는 reap a harvest(자업자득이다), reap a reward(보상 받다), reap benefits(혜택을 누리다) 등이 있습니다.
It seems that we have invested a lot of money, yet we have not **reaped** any **benefits**.
Employees of Facebook are now **reaping the rewards** of all their hard work.
우리는 많은 돈을 투자한 것 같지만, **혜택**은 전혀 **받아보지** 못했습니다.
Facebook 직원들은 지금 그들이 한 모든 노고에 대한 **보상을 받고** 있습니다.

5 customer relations

'고객관리' 혹은 '고객관계'라는 뜻의 복합명사입니다.

Starbucks has excellent **customer relations**.
Customer relations is an important element of the job.
Starbucks는 **고객관리**가 탁월합니다.
고객관계가 그 일에서 중요한 요소입니다.

6 trial and error

'시행 착오'라는 뜻입니다. 동사 undergo와 같이 쓰이면 '시행착오를 겪다'의 뜻이 됩니다.

We all learn by **trial and error**.
The process of **trial and error** is needed to train new employees.
우리 모두는 **시행착오**를 통하여 배웁니다.
신입사원들을 훈련시키기 위해 **시행착오**의 과정이 필요합니다.

7 revolution

'혁명, 대변혁'이라는 뜻입니다. 유의어로는 transformation, innovation 등이 있습니다. 형용사형은 revolutionary로 '(변화 등이) 획기적인'이라는 뜻입니다.

The new smartphone literally sparked a **revolution** in the field.
We are living in a time of rapid and **revolutionary** change.
그 새 스마트폰이 말 그대로 업계에서 **혁명**을 불러일으켰습니다.
우리는 지금 빠르고 **획기적인** 변화의 시대에 살고 있습니다.

8 indifferent

'무관심한'이라는 뜻의 형용사로, 명사 앞에는 잘 쓰이지 않으며 be 동사의 보어로 잘 쓰입니다. 무관심한 대상 앞에 전치사 to를 씁니다. 유의어로는 unconcerned가 있습니다.

James was **indifferent** to our attempts to forge a relationship.
We should not be **indifferent** to what happens around us.
James는 우리의 관계를 구축하는 시도에 **무관심했다**.
우리는 우리 주변에서 일어나는 일에 **무관심해선** 안됩니다.

Dialogue 1　NEG0701.mp3

Listen to the dialogue and then read it aloud.
대화를 듣고 소리내어 따라 읽어 보세요.

Elly　　Welcome, Mr. Q. I'm Elly L. Wendy. I'm **head of** the marketing department.
Mr. Q　Pleased to meet you, Ms. Wendy. I **was** really **impressed** while driving over here **by** your modern and well-organized manufacturing plants.
Elly　　Thank you. **I'm** really **flattered**.
Mr. Q　I have read in the news about the great achievements your company has made so far. The curved screen is literally a **revolution**.
Elly　　Thank you so much. We've finally succeeded in developing it after years of **trial and error**.
Mr. Q　I think it shows an **indomitable** corporate culture and experimental spirit.
Elly　　Yes. They are actually the most important values we pursue.
Mr. Q　I believe they contribute to the superior quality of your products. My laptop is the newest model of your brand and I love it.
Elly　　Oh, you're using LX 1065? I'm so honored. By the way, I want to tell you my boss **is** quite **keen to work with** you.

[해석]

Elly　　어서 오세요, 미스터 Q. 저는 마케팅 부서 **팀장**인 Elly L. Wendy입니다.
Mr. Q　만나서 반갑습니다. 미즈 Wendy. 여기로 운전해 오는 동안 현대적이고, 잘 조직된 공장에 **감명 받았습니다**.
Elly　　감사합니다. 정말 **으쓱해지는군요**.
Mr. Q　귀사가 지금까지 거둔 훌륭한 업적에 대해 뉴스에서 읽었습니다. 곡면 스크린은 말 그대로 **혁신**입니다.
Elly　　정말 감사해요. 수 년 간의 **시행착오** 끝에 마침내 개발하는 데 성공했습니다.
Mr. Q　저는 이것이 귀사의 **불굴의** 기업 문화와 실험 정신을 보여준다고 생각해요.
Elly　　네. 그것들은 사실 우리가 추구하는 가장 중요한 가치입니다.
Mr. Q　저는 그것들이 귀사 제품의 뛰어난 품질에 공헌한다고 믿습니다. 제 노트북은 귀사 브랜드의 최신 모델인데 아주 좋습니다.
Elly　　아, LX 1065를 사용하고 계시는군요? 영광입니다. 그건 그렇고, 저희 사장님이 귀사**와 일하기를 정말 바라신다는** 것을 말씀 드리고 싶군요.

Dialogue 2 🎧 NEG0702.mp3

First read the dialogue in Korean and then say it in English.
먼저 우리말 대화를 보고 영어로 말해 보세요.

Elly	미스터 Q, 저희와 함께할 시간을 내주셔서 감사합니다. 저는 마케팅 **책임자인** Elly라고 해요.
Mr. Q	저야말로 귀사의 신제품**에 대해** 함께 **상의하게** 되어 감사합니다.
Elly	음, 솔직히 말씀 드리면 당신의 관심**에 기분이 좀 우쭐하네요**. 저희 회사는 **오랫동안** 귀사와 **일하고 싶어했어요**.
Mr. Q	음, 저희는 언제나 귀사의 제품들에 관심이 있었죠. 귀사의 새로운 곡선 화면 TV는 **혁신적**이에요. 우리는 너무나 **감명을 받아서** 당신에게 연락을 해야 한다고 결정했습니다.
Elly	**칭찬해주셔서** 감사합니다. 곡선 화면은 **최첨단의** 광섬유 기술을 사용합니다.
Mr. Q	그 다음에는 어떤 일을 하실 건가요?
Elly	음, 우리는 곡선 화면 기술을 컴퓨터 모니터와 다른 시장에도 들여오고 싶어요. 우리는 기술 업계에서 **불굴의** 영향력을 지닌 기업이 되고자 합니다.
Mr. Q	그 날을 기대하겠습니다.

[스크립트]

Elly	Thank you for taking the time to meet with us, Mr. Q. I'm Elly. I'm **in charge of** marketing.
Mr. Q	Thank you as well for taking the time to **consult about** your new product line with me.
Elly	Well, to be honest **I'm** a bit **flattered by** your interest. Our company has been **keen to work with** you **for some time now**.
Mr. Q	Well, we were always interested in your products. Your new curved television screen is **revolutionary**. We **were** so **impressed by** it that we decided we needed to contact you.
Elly	Thanks for the compliment. The curved screen uses **state-of-the-art** fiber-optic technologies.
Mr. Q	What will you do next?
Elly	Well, we hope to bring our curved screen technology to computer monitors and other markets. We plan to become an **indomitable** force in the tech industry.
Mr. Q	Well I look forward to that day.

Mr. Q's Story   🎧 NEG0703.mp3

Listen to the situation and answer the questions below.
다음 내용을 듣고 아래의 질문에 답해 보세요.

1 What is Mr. Q doing?

ⓐ He is signing a contract.   ⓑ He is reviewing a report.
ⓒ He is visiting a company.   ⓓ He is placing an order.

2 How would you describe Mr. Wilson's attitude?

ⓐ Pleased   ⓑ Passionate
ⓒ Indifferent   ⓓ Excited

3 What should Mr. Q do to reverse this situation?

[스크립트]

   Mr. Q is the head of the manufacturing department of an automotive fault detector manufacturer. His company has recently been contacted by Mr. Wilson, the purchasing manager of an automotive repair franchise. Mr. Q is now visiting the company. Mr. Wilson welcomes Mr. Q warmly, but looks rather exhausted and annoyed for some reason.

   Although Mr. Q keeps giving compliments on his company, Mr. Wilson maintains an indifferent attitude. Moreover, Mr. Wilson asks Mr. Q if Mr. Q's company can meet the deadline he suggests, even with their small scale factory and few workers. Mr. Q is embarrassed but he must succeed in building rapport with Mr. Wilson and secure a deal.

[해석]

   미스터 Q는 자동차 오류 감지기 제조사의 제조부서장이다. 그의 회사는 최근에 자동차 수리 프랜차이즈사의 구매부장인 미스터 Wilson의 연락을 받았다. 미스터 Q는 지금 그 회사를 방문하고 있다. 미스터 Wilson은 미스터 Q를 반갑게 맞지만, 무슨 이유인지 다소 피곤하고 짜증나 보인다.

   미스터 Q는 계속해서 그 회사를 칭찬하지만, 미스터 Wilson은 여전히 관심 없는 태도를 보인다. 게다가 미스터 Wilson은 미스터 Q에게 미스터 Q의 회사가 작은 규모와 적은 수의 직원으로 마감시한을 지킬 수 있을지를 묻는다. 미스터 Q는 당황스럽지만 미스터 Wilson과 관계를 구축해 계약을 체결하는 데 성공해야 한다.

[정답]   1. ⓒ   2. ⓒ

Exercise

Fill in the blanks with the proper words to complete each sentence.
빈칸에 적절한 어휘를 보기에서 골라 넣어서 문장을 완성하세요.

보기	ⓐ keen to work with	ⓑ head of	ⓒ revolution
	ⓓ impressed by	ⓔ consult about	

1. 고객사는 우리가 제시한 문제**에 대해 논의하고** 싶어합니다.
   The client would like to _____ the issue we brought up.

2. 우리 회사는 외국 수입회사들**과 간절히 일하고 싶어합니다**.
   Our company is _____ foreign importers.

3. 그 관리자는 부하직원의 업무 수행**에 깊은 인상을 받았습니다**.
   The manager was _____ his employee's work performance.

4. 미스터 Roelle은 국내외 마케팅 부서의 **부서장**입니다.
   Mr. Roelle is the _____ the domestic and overseas marketing department.

5. 우리의 신제품이 IT 분야에서 **혁명**을 일으킬 것으로 기대하고 있습니다.
   We expect our new item to bring about a _____ in the IT field.

보기	ⓕ indifferent	ⓖ flattered	ⓗ indomitable
	ⓘ state-of-the-art	ⓙ rapport	

6. Kevin은 그녀의 칭찬에 **우쭐했습니다**.
   Kevin was _____ by her praise.

7. Daniel의 **불굴의** 의지 덕분에, 우리는 어려운 상황을 헤쳐나갈 수 있습니다.
   Thanks to Daniel's _____ spirit, we can weather this difficult situation.

8. 우리는 중국시장에 **무관심했었습니다**.
   We used to be _____ to the Chinese market.

9. Sony는 **최첨단** 홈씨어터 시스템을 출시했습니다.
   Sony has launched a _____ home theater system.

10. 그 회사는 비즈니스 파트너들과 좋은 **관계**를 맺고 있습니다.
    The company has a good _____ with their business partners.

[정답] 1. ⓔ 2. ⓐ 3. ⓓ 4. ⓑ 5. ⓒ 6. ⓖ 7. ⓗ 8. ⓕ 9. ⓘ 10. ⓙ

Business Case

Read the article below, summarize it and give your opinion.
아래의 글을 읽어보고 내용을 요약 한 후 자신의 생각을 말해 보세요.

DISNEY Meets STAR WARS

In 2012, the Walt Disney Company made a surprise announcement that it was acquiring Lucasfilm, home of the immensely successful Star Wars brand, from its founder, George Lucas, for $4.06 billion. Lucas was the sole shareholder in his company. The acquisition bolstered Disney's status as a leader in animation and superhero films and gave it the opportunity to reap huge earnings from the already lucrative Star Wars media and merchandising empire. After the acquisition, Disney promised to begin producing and releasing new films in the Star Wars franchise every two or three years. Lucasfilm also owns the rights to the Indiana Jones franchise.

George Lucas decided to sell his company after beginning to plan his retirement several years before. According to Walt Disney Chairman Robert Iger, a famous negotiator in Hollywood, he and Lucas conducted the negotiations personally, beginning in May 2011. Speaking of Lucas' decision to hand over his creative legacy to Disney, Iger said that a lot of trust was involved in the historic agreement.

acquire 인수하다 | founder 창립자 | shareholder 주주 | bolster 북돋우다 | franchise 독점 사업권, 프랜차이즈 | status 지위 | earnings 수입, 수익 | lucrative 수익성이 좋은 | legacy 유산

해석

2012년, Walt Disney사는 막대하게 성공한 Star Wars 브랜드의 본사인 Lucasfilm 사를 설립자인 George Lucas로부터 40억 6천 달러에 인수 중이라는 깜짝 발표를 했다. Lucas는 자기 회사의 유일한 주주였다. 이번 인수 건은 애니메이션이자 슈퍼히어로 영화에 있어 선두주자인 Disney 사의 입지를 공고히 해주었고, Disney사로 하여금 이미 매출이 많은 Star Wars 미디어 및 캐릭터 상품 왕국으로부터 엄청난 수입을 거둘 기회를 갖게 했다. 인수가 끝난 뒤 Disney사는 Star Wars 시리즈의 새 영화를 제작하기 시작하여 2-3년에 한 번씩 개봉할 것을 약속했다. 또한 Lucasfilm은 Indiana Jones 프랜차이즈에 대한 판권도 소유하고 있다.

George Lucas는 몇 년 전 은퇴를 계획하기 시작한 후 자신의 회사를 팔기로 결정했다. 헐리우드에서 유명한 협상가로 통하는 Walt Disney사 회장인 Robert Iger에 따르면, 그와 Lucas는 2011년 5월부터 개인적으로 협상을 시작했다고 한다. 자신의 창조적인 유산을 Disney에게 넘기는 Lucas의 결정에 대해 Iger 씨는 이 역사적인 합의에는 엄청난 신뢰가 포함되어 있다고 말했다.

Persuading a Counterpart

In this unit you will learn how to persuade a counterpart during a negotiation.
이 unit에서는 협상 도중 상대를 설득하는 것에 대해 배우겠습니다.

[preview]

Mr. Q Elly, 저번에 협상 건은 잘됐어?
Elly 응, 잘 된 것 같아. 당장에 바로(right out of the box) 쓸 수 있는 우리 신제품의 특징을 강조했더니 좋아하는 눈치더라.
Mr. Q 우리 신제품이야 그 점에선 최고지(second to none).
Elly 비록 우리가 경쟁사 제품보다 브랜드 인지도(brand awareness) 면에선 떨어지지만 그 외의 이점이 훨씬 많다는(offer far more benefits) 점을 잘 어필했던 것 같아.
Mr. Q 잘 했네.
Elly 이번 건으로 협상에 자신이 생겼어.

Expressions

Go over some useful expressions by reading the following example sentences aloud.
다음 예문들을 소리 내어 읽으면서 협상에 쓰이는 유용한 표현들을 익혀보세요.

① right out of the box

'시작하자마자, 당장에'라는 뜻입니다. 혹은 '개봉 후 즉시 사용하는'의 뜻을 가지고 있습니다.
This tablet PC, CS900, is good to go **right out of the box**.
The new operating system from Google is streamlined **right out of the box**.
CS900이라는 태블릿 PC는 **바로 이용하기에** 좋습니다.
Google의 새 운영체제는 **바로 사용할 수 있도록** 간소화되어 있습니다.

② no comparison between A and B

'A와 B를 비교할 수 없는'이라는 뜻입니다. comparison은 동사 compare(비교하다)에서 파생되었습니다.
There is **no comparison between** our new product **and** our competitor's.
There is **no comparison between** the Galaxy **and** the iPhone.
자사의 신제품**과** 경쟁사의 제품은 **비교가 불가능**합니다.
갤럭시**와** 아이폰은 **비교가 불가능**합니다.

③ illustrate my point

'요점을 분명히 하다'라는 뜻입니다. 동사 illustrate는 '분명히 보여주다'라는 의미를 가지고 있습니다. 유의어로는 describe, elaborate 등이 있습니다.
To **illustrate my point**, let me give you an example.
I want to **illustrate my point** by referring to another case.
제 요점을 분명히 하기 위해서, 여러분께 예를 들어드리겠습니다.
다른 경우를 참고하여 제 **요점을 분명히 하겠습니다**.

④ you can tell from

'이것을 통해 알 수 있다'는 의미입니다. 동사 tell의 첫 번째 의미는 '말하다'이지만, '알다, 구별하다'는 의미로도 자주 쓰입니다.
As **you can tell from** the graph, the price of kerosene has stayed steady over the years.
As **you can tell from** our prior comments, we believe that this lineup has a future in our company.
이 그래프를 **통해 알 수 있듯이**, 석유 가격이 수년 간 큰 변화가 없었습니다.
이전에 언급된 말**에서 알 수 있듯이**, 이 상품군에 우리 회사의 미래가 있다고 생각합니다.

⑤ curtail expenses

'비용을 줄이다'라는 뜻입니다. cut costs와 바꾸어 쓸 수 있습니다. 동사 curtail은 '축소, 단축시키다'는 뜻으로, 비슷한 의미의 다른 동사들(reduce, decrease, cut down 등)에 비하여 좀 더 격식 있는 단어입니다. 반의어로는 increase, expand, raise 등이 있습니다.

We have no choice but to drastically **curtail expenses**.
We have continuously **curtailed** our management **expenses**.
지출을 과감히 **삭감하는** 방법 밖엔 없습니다.
우리는 관리 **비용을** 지속적으로 **줄여왔습니다**.

⑥ take the lead in

'~에서 선두에 서다, 주도권을 잡다'라는 의미입니다. 비슷한 표현으로 take the initiative in도 있습니다. lead는 동사로 '~을 이끌다'라는 의미뿐만 아니라 명사로 '선두, 우세'라는 뜻이 있습니다.

James Stutters was an entrepreneur who wanted to **take the lead in** oil production.
Hyundai Motors is **taking the lead in** the Korean market, maintaining a 39% market share last year.
James Stutters는 석유 생산에 있어 **선두를 차지하고 싶었던** 사업가였습니다.
현대자동차는 작년 한국 시장에서 39% 시장점유율을 유지하면서 업계 **선두를 차지하고 있습니다**.

⑦ be second to none

'최고이다, 1위이다'라는 뜻입니다. 비슷한 표현으로는 be the first [top] in the industry가 있습니다.

What I want to stress here is that we're **second to none** in technology.
James **is second to none** in negotiation skills.
제가 강조하고 싶은 바는 기술에 있어서는 우리 회사를 **따라올 회사가 없다는 것입니다**.
James는 협상 수완에 관해 **최고입니다**.

⑧ have far more benefits

'훨씬 많은 이득이 있다'라는 뜻입니다. 여기에서 far는 비교급 more을 강조해줍니다. 비슷한 표현으로는 offer far more benefits가 있습니다.

Having a work-life balance **has far more benefits** than working around the clock.
We promise to **offer far more benefits** than our competitors.
일과 삶의 균형이 일만 추구하는 것보다는 **훨씬 더 이득이 될 것입니다**.
저희가 경쟁사들보다 **더 많은 혜택을** 제공할 것을 약속드립니다.

Vocabulary

Before starting the main study, go over the following key vocabulary words.
본 학습을 시작하기 전에 아래의 주요 어휘들을 익혀보세요.

① marketability

'시장성'이라는 뜻입니다. 형용사 marketable(시장성 있는)에서 파생된 명사입니다.
Economic conditions affect the **marketability** of properties.
We need to check whether brand-new items have **marketability** before launching them.
경제 상황은 부동산 **시장성**에 영향을 미칩니다.
우리는 신제품 출시 전에 **시장성**을 검증할 필요가 있습니다.

② brand awareness

'브랜드 인지도'라는 의미입니다. '~의 브랜드 인지도를 높이다'라는 뜻으로 raise one's brand awareness가 자주 쓰입니다.
A lot of companies are manufacturing eco-friendly items to raise **brand awareness**.
Brad managed the company's **brand awareness** and directed corporate marketing campaigns.
많은 회사들은 **브랜드 인지도를** 높이기 위해 친환경 제품을 만들고 있습니다.
Brad는 회사의 **브랜드 인지도를** 관리하면서 기업 마케팅 캠페인을 주도했습니다.

③ release

기본적으로 '풀어주다'라는 의미를 가지고 있으나 비즈니스 맥락에서는 제품 등을 '공개, 발표하다'는 뜻으로 쓰입니다. 유의어로는 launch가 있습니다. 두 단어 모두 명사로도 사용합니다.
Google will **release** its new version of Chrome at the beginning of next year.
Samsung Electronics plans to **release** both LCD and 3D plasma TVs.
Google 사는 내년 초에 크롬의 신규 버전을 **출시할** 예정입니다.
삼성전자는 LCD TV와 함께 3D plasma TV를 **출시할** 계획입니다.

④ existing product

'기존 제품'이라는 뜻으로 existing은 '기존의, 현재의'라는 뜻의 형용사입니다.
I believe we will have to consider a better marketing strategy for our **existing products** first.
Bligh Industries has decided to give up on its **existing products** and concentrate on developing new ones.
제 생각에 우리 회사는 우선 **기존 제품**을 위한 더 나은 마케팅 전략을 세워야 할 것 같습니다.
Bligh Industries는 **기존 제품**을 포기하고 신제품을 개발하는 데 집중하기로 했습니다.

⑤ allege

'(증거 없이) 혐의를 제기하다, 주장하다'라는 뜻입니다. allege의 부사인 allegedly는 '주장한 바에 의하면, 소문에 의하면'이라는 뜻입니다. allege와 비슷한 의미의 동사에는 claim이 있습니다.

He **alleged** that his wallet had been stolen.
She was **alleged** to have committed the crime.
그는 지갑을 도둑맞았다고 **주장했습니다**.
그녀는 범죄를 저질렀다는 **혐의를 받고 있습니다**.

⑥ infringement

'(법규) 위반, 위배' 혹은 '(특허권, 판권) 침해'라는 의미로 쓰입니다. 동사 infringe(법규를 위반하다)에서 파생된 명사입니다. 특허권 침해 논란에 관한 이슈가 많은 요즘은 copyright infringement(특허권 침해)를 종종 볼 수 있습니다.

If the government censors the public, it will be an **infringement** on privacy.
Latex Inc. was sued for patent **infringement** two years ago.
만약 정부가 대중을 검열한다면, 그것은 사생활 **침해**가 될 것입니다.
Latex 사는 2년 전에 특허권 **위반**으로 소송 당했습니다.

⑦ recession

'경기후퇴, 불경기'이라는 뜻입니다. 동사 recess(쉬다)에서 파생된 명사입니다. 주로 economic과 함께 경제불황이라는 의미로 자주 쓰입니다. 유의어로는 depression이 있습니다.

Many companies are laying people off due to the **recession**.
The **recession** is not expected to abate until next year.
불경기의 영향으로 인해 많은 기업들이 직원들을 해고하고 있습니다.
경기후퇴의 기세가 내년까지는 누그러지지 않을 것으로 보입니다.

⑧ quarter

'4분의 1'이라는 의미를 가지고 있으며, 비즈니스 용어에서는 '분기'라는 뜻으로 쓰입니다. 1월~3월까지는 first quarter, 4월~6월까지는 second quarter, 7월~9월까지는 third quarter, 10월~12월까지는 fourth quarter 입니다. '분기별의'라는 뜻의 형용사 quarterly도 많이 쓰입니다.

Last **quarter's** profits prove that Mr. Peterson is capable of running a big firm.
Quarterly earnings are reported to the CEO by the accounting department.
지난 **분기**의 수익은 미스터 Peterson이 큰 회사를 경영할 능력이 있다는 것을 증명합니다.
각 **분기별** 수입은 회계부서가 최고 경영자에게 보고합니다.

Dialogue 1 🎧 NEG0801.mp3

Listen to the dialogue and then read it aloud.
대화를 듣고 소리내어 따라 읽어 보세요.

Mr. Q   Okay, here's the comparison of our new product and **existing products**. As you see, more than five new functions were added to our product.
Elly   Hmm. The localization function is very interesting.
Mr. Q   Yes. It enables the navigation system to work well, even when the GPS signal is weak. Honestly, there is **no comparison between** our new product **and** the **existing products**.
Elly   I see. But I wonder whether its **marketability** has been proved.
Mr. Q   Of course. As you can see, there was a 20% increase in sales in the second **quarter**. That was when the product was **released**.
Elly   That's quite impressive. But we've been offered similar products from other major companies, like Good Road System.
Mr. Q   I understand **brand awareness** is important. But small firms like us can make decisions very quickly.
Elly   That's great. We need someone who can respond quickly to our needs.

[해석]

Mr. Q   좋습니다. 이것이 저희 신제품과 **기존 제품**의 비교입니다. 보시다시피, 다섯 가지가 넘는 새로운 기능이 신제품에 적용되었습니다.
Elly   음. 위치 측정 기능이 아주 흥미롭네요.
Mr. Q   네. 이 기능으로 GPS 신호가 약할 때도 네비게이션 시스템이 잘 작동합니다. 솔직히 말해서, 저희 신제품**과** 기존 제품**은 비교가 불가**합니다.
Elly   알겠습니다. 다만 **시장성**이 입증되었는지 궁금하네요.
Mr. Q   물론이죠. 보시다시피, 2**분기**에 20%의 판매 증가가 있었어요. 그것은 제품이 **출시되었**을 때였습니다.
Elly   아주 인상적이네요. 하지만 우리는 Good Road System과 같은 대기업으로부터 유사한 제품을 제안받았어요.
Mr. Q   **브랜드 인지도**가 중요하다는 건 이해합니다. 하지만 저희 같은 작은 회사가 결정은 아주 빨리 할 수 있죠.
Elly   그거 좋군요. 우리는 우리 요구에 재빨리 대응할 수 있는 사람이 필요해요.

Dialogue 2 NEG0802.mp3

First read the dialogue in Korean and then say it in English.
먼저 우리말 대화를 보고 영어로 말해 보세요.

Elly 좋아요, 미스터 Q. 왜 제가 귀사의 비싼 신제품 네비게이션 시스템에 고객들을 끌어들여야 하는지 말씀해주세요. 저는 더 훌륭한 **브랜드 인지도**를 가지고 있는 더 큰 회사의 **기존 제품**에서 비슷한 기능을 보았어요.

Mr. Q 실제로는 **비교가 안 됩니다**. 저희 장치는 개봉 후 **바로 할 수 있는** 것을 기존 제품들은 비싸게 다운로드 해야 하거든요.

Elly 그런가요?

Mr. Q 네. 그리고 우리의 시스템이 조금 더 비쌀지라도, **출시** 이후에 사실상 판매가 20% 증가됐습니다. 이것은 **어떤 것에도 뒤지지 않습니다**.

Elly 저는 여전히 **시장성**이 염려스러워요.

Mr. Q 당신의 입장을 이해하지만 저희 같은 작은 제조업체들은 굉장히 빠르게 결정을 내릴 수 있습니다.

Elly 흠, 이 새로운 제품이 꽤 빨리 출시되었다는 것은 인정해야겠군요.

[스크립트]

Elly Okay Mr. Q, so tell me why I should try to attract customers to this expensive new navigation system of yours. I've seen similar functions on **existing products** from bigger companies with greater **brand awareness**.

Mr. Q There's actually **no comparison**. Existing products require expensive downloads to do what our device does **right out of the box**.

Elly Is that so?

Mr. Q Yes. And even though our system is a bit more expensive, sales actually increased 20% since its **release**. It really **is second to none**.

Elly Still, I'm worried about its **marketability**.

Mr. Q I understand your position but small manufacturers like us can **make decisions very quickly**.

Elly Well, I must admit, this new product of yours did come out pretty quickly.

Mr. Q's Story

🎧 NEG0803.mp3

Listen to the situation and answer the questions below.
다음 내용을 듣고 아래의 질문에 답해 보세요.

1 What has Mr. Harris asked Mr. Q to bring with him?

ⓐ A souvenir
ⓑ A contract
ⓒ Product samples
ⓓ An invoice

2 What is one of the characteristics of Mr. Q's products?

ⓐ They are easy to use.
ⓑ They are inexpensive.
ⓒ They are lightweight.
ⓓ They are eco-friendly.

3 What should Mr. Q present or say to Mr. Harris to persuade him?

[스크립트]

Mr. Q owns a small company that produces bioplastic products. He has contacted a few promotional gifts manufacturers to promote his products. One of the manufacturers, Mr. Harris, has shown interest in Mr. Q's products, and suggested that Mr. Q visit his company with a product catalogue and samples.

Mr. Q is now visiting Mr. Harris and is describing his products. Mr. Harris is interested in the eco-friendliness and modern design of Mr. Q's products, but is not certain about the marketability of the products. What Mr. Harris is most unsatisfied with is the higher price of the bioplastic products compared to other plastic products. He also refers to other bigger companies that contacted him, and raises questions about Mr. Q's ability to deal with bulk orders.

[해석]

미스터 Q는 바이오플라스틱 제품을 생산하는 작은 기업을 소유하고 있다. 그는 자사 제품을 홍보하기 위해 몇 명의 사은품 제조업자와 접촉했다. 제조업자 중 한 명인 미스터 Harris가 미스터 Q의 제품에 관심을 보였고, 미스터 Q에게 제품 카탈로그와 샘플을 가지고 자신의 회사를 방문할 것을 제안했다.

미스터 Q는 지금 미스터 Harris를 방문하고 있고, 자기 제품에 대해 설명하고 있다. 미스터 Harris는 미스터 Q 제품의 친환경성과 모던한 디자인에 관심을 가지고 있지만, 제품의 시장성에 대해서는 확신을 못하고 있다. 미스터 Harris가 가장 불만스러운 것은 다른 플라스틱 제품에 비해 바이오플라스틱 제품의 가격이 더 높다는 것이다. 그는 또한 자신과 접촉했던 다른 대기업들을 언급하며 미스터 Q가 대량 주문을 처리할 능력이 있는지에 대해 의문을 제기하고 있다.

[정답]   1. ⓒ   2. ⓓ

Exercise

Fill in the blanks with the proper words to complete each sentence.
빈칸에 적절한 어휘를 보기에서 골라 넣어서 문장을 완성하세요.

보기	ⓐ no comparison between	ⓑ release	ⓒ are second to none
	ⓓ existing products	ⓔ curtail expenses	

1. 많은 회사들이 신규 프로젝트에 관한 투자를 줄임으로써 **비용을 줄입니다**.
   Many companies _____ by reducing investment on new projects.

2. 우리는 우선 **기존 제품**을 위한 더 나은 마케팅전략을 세워야 할 것입니다.
   We will have to consider a better marketing strategy for our _____ first.

3. 가격 측면에 있어서 자사 제품은 타사의 것**과 비교할 수 없을** 만큼 우위에 있습니다.
   There is _____ our product and competitor's when it comes to price.

4. 한국 반도체는 전 세계 시장에서 **최고입니다**.
   Korean semiconductors _____ in the global market.

5. Google 사는 내년 초에 크롬 신규 버전을 **출시할** 예정입니다.
   Google will _____ its new version of Chrome at the beginning of next year.

보기	ⓕ brand awareness	ⓖ far more benefits	ⓗ marketability
	ⓘ quarter	ⓙ taking the lead in	

6. 현대자동차는 지난 분기 국내 시장에서 47% 시장점유율을 유지하면서 업계 **선두를 차지하고 있습니다**.
   Hyundai Motors is _____ the Korean market, maintaining a 47% market share during the last quarter.

7. 우리는 출시 전에 신제품의 **시장성**을 검증할 필요성이 있습니다.
   We need to check whether brand-new items have any _____ before launching.

8. 경쟁사보다 **더 많은 혜택을 제공할 것을** 약속 드립니다.
   We promise to offer _____ than our competitors.

9. 많은 회사들은 **브랜드 인지도**를 높이기 위해 신제품을 출시하고 있습니다.
   A lot of companies are launching new items to raise _____.

10. 이사회는 다음 **분기**에 연구개발 부분에 많은 비용을 투자하기로 결정하였습니다.
    The board of directors decided to invest a lot of money on R&D for the next _____.

[정답] 1. ⓔ 2. ⓓ 3. ⓐ 4. ⓒ 5. ⓑ 6. ⓙ 7. ⓗ 8. ⓖ 9. ⓕ 10. ⓘ

Business Case

Read the article below, summarize it and give your opinion.
아래의 글을 읽어보고 내용을 요약 한 후 자신의 생각을 말해 보세요.

Piracy at its Worst

Dan O'Neill, an American underground cartoonist, created and led a group of cartoonists called the Air Pirates. The group is probably most famous for their long legal battle with entertainment conglomerate The Walt Disney Company. The Air Pirates' two-issue series, Air Pirates Funnies, included parodies of Mickey Mouse and other copyrighted characters, which led to the famous lawsuit by the entertainment giant. Disney alleged copyright infringement, trademark infringement and unfair competition.

O'Neill took the lead in fighting the suit, promoting it as a free speech case in his "Mouse Liberation Front" campaign. He claimed that parody was fair use. During the long case, he continued to draw parodies of Disney characters defying legal pressure. In 1980 after almost a decade of legal battles, Disney settled the case with O'Neill, dropping contempt charges and promising not to enforce legal judgment as long as the Air Pirates no longer infringed Disney's copyrights.

---

underground 지하의, 비주류의 | **cartoonist** 만화가 | **legal battle** 법적 싸움 | **conglomerate** 대기업 | **parody** 패러디 | **copyrighted** 저작권이 있는 | **free speech** 언론의 자유 | **defy** 반항하다 | **contempt** 경멸, 무시

해석

Dan O'Neil은 미국의 비주류 만화가로, Air Pirates라고 불리는 만화가 모임을 창설하여 이를 이끌었다. 아마 이 모임은 엔터테인먼트 거대 기업인 Walt Disney 사와의 오랜 법적 분쟁으로 가장 유명할 것이다. Air Pirate의 두 권짜리 시리즈인 Air Pirates Funnies가 미키 마우스와 기타 저작권의 보호를 받는 캐릭터들의 패러디를 포함하고 있어, 이 거대한 엔터테인먼트 회사와의 유명한 소송으로 이어지게 되었다. Disney 사는 저작권 위반, 상표권 위반, 불공정한 경쟁 혐의를 주장했다.

O'Neill이 소송에 맞서는 데 앞장섰는데, 그는 "마우스 해방 전선"이라는 그의 캠페인에서 이 소송 건을 언론의 자유 사례라고 홍보했다. 그는 패러디는 공정한 사용이라고 주장했다. 소송이 오래 진행되는 동안 그는 계속해서 법적 압박에 저항하며 Disney 캐릭터들의 패러디를 그렸다. 거의 10년에 걸친 법적 공방 후인 1980년에 Disney는 모독죄 소송을 취하하고, 더 이상 Air Pirates가 Disney 사의 저작권을 위반하지 않는 한 법적 판결을 시행하지 않겠다고 약속하는 것으로 이 사건에 대해 합의를 보았다.

Making Emotional Appeals

UNIT 09

In this unit you will learn how to make appeals during a negotiation.
이 unit에서는 협상 중 감성적인 호소에 대해 배우겠습니다.

[preview]

Mr. Q   Elly, 이번에 계약을 꼭 따내고 싶은데 어떻게 해야 할까?
Elly   상대방에게 내가 그의 입장을 잘 이해하고(fully understand) 있음을 어필하는 게 좋아. 한 배를 탄 처지 (be in a same boat)라는 것도 강조하고.
Mr. Q   아, 그렇구나.
Elly   그리고 일을 성공적으로 진행시키기 위해 무슨 일이든 다 하겠다는(go to great length) 의지를 피력해야겠지. 상대에게 도움이 필요하면 도와주겠다는(offer a helping hand) 얘기도 하고.
Mr. Q   이렇게 큰 건을 맡는 건 내 일생일대의 기회(an once-in-a-lifetime opportunity)일지 몰라. 끝까지 열심히 해야겠어.

Expressions

Go over some useful expressions by reading the following example sentences aloud.
다음 예문들을 소리 내어 읽으면서 협상에 쓰이는 유용한 표현들을 익혀보세요.

① can't agree more

직역하면 '더 이상 동의할 수 없어'라는 의미이지만, 이 말의 속뜻은 '완전히 동의하다, 전적으로 찬성이다'입니다. 유의어인 표현으로는 I totally agree with you가 있습니다.

I **can't agree** with you **more** about the decision you have made.
We **can't agree more** with the settled price for each item.
당신이 내린 결정에 **완전히 동의합니다**.
우리는 각 품목당 정해진 가격에 **전적으로 동의합니다**.

② if I were in your shoes

'내가 당신의 입장이라면'이라는 의미입니다. 문법적으로는 가정법 과거이며, 현재 사실을 반대로 말할 때 씁니다. 비슷한 표현으로 if I were you가 있습니다.

If I were in your shoes, I would make a different suggestion.
If I were in your shoes, I'd quit the job immediately.
제가 당신이라면 다른 제안을 할 거예요.
제가 당신이라면 그 일을 당장 그만둘 거예요.

③ be in the same boat

우리말에 '너와 나는 한 배를 탄 거야'가 있습니다. 이것의 영어표현은 be in the same boat입니다. 이는 곧, '같은 처지에 있다'는 뜻입니다.

The CEO says we all **are in the same boat** as we are all facing the same problem.
All the European leaders **are in the same boat**.
CEO가 말하길, 우리 모두 같은 문제에 직면하고 있어서 **같은 처지에 있다**고 합니다.
유럽의 모든 지도자들은 **한 배를 타고 있습니다**.

④ fully understand

'~을 완전히 이해하다'라는 뜻입니다. completely understand, totally understand로도 많이 쓰입니다.

Mr. Miller **fully understands** his company's financial situation.
We still do not **fully understand** how the brain is organized.
미스터 Miller는 자기 회사의 재정상황에 대하여 **완전히 이해하고 있습니다**.
우리는 뇌 구조가 어떻게 되어있는지 아직 **완전히 이해하지** 못합니다.

⑤ go to great lengths

'무엇이든지 하다, 어떤 노고도 마다하지 않다'라는 의미의 표현으로, make a great effort와 같은 의미입니다.

The company **went to great lengths** to develop a new car.
You really **went to great lengths** to keep our clients happy.
그 회사는 신차 개발을 위해 **그 어떤 노고도 마다하지 않았습니다**.
고객들을 즐겁게 해 드리느라 **정말 애 많이 쓰셨어요**.

⑥ have a once-in-a-lifetime opportunity

'일생에 단 한 번의 기회를 가지다, 일생일대의 기회를 갖다'라는 뜻입니다. opportunity의 유의어로는 chance가 있습니다.

You **have a once-in-a-lifetime opportunity** to work overseas.
That's a **once-in-a-lifetime chance**. You should not miss it.
당신은 외국에서 일할 수 있는 **일생일대의 기회를 갖고 있어요**.
그건 **일생일대의 기회**입니다. 놓쳐선 안 됩니다.

⑦ be fair

'공정하다, 정당하다'라는 뜻입니다. 여기서 fair는 형용사이며, '타당한, 공정한, 공평한'이라는 뜻입니다.

Let's **be fair**. You can't expect such a price from anyone else.
It is very important to **be fair** and truthful.
공정해 봅시다. 다른 어느 누구에게서도 이런 가격을 기대할 수 없어요.
공정하고 진실한 것이 무척 중요합니다.

⑧ offer a helping hand to

'～에게 도움을 주다'라는 뜻입니다. give a helping hand to, provide a helping hand to로도 쓸 수 있습니다.

Julian **offered a helping hand to** his boss by working overtime.
DynaCorp **offered a helping hand** in the community by organizing a charity event.
Julian은 야근을 해서 그의 상사를 **도왔습니다**.
DynaCorp사는 자선행사를 마련하여 지역사회에 **도움을 주었습니다**.

Vocabulary

Before starting the main study, go over the following key vocabulary words.
본 학습을 시작하기 전에 아래의 주요 어휘들을 익혀보세요.

① sympathy

'동정심, 공감, 지지'라는 뜻을 가진 명사입니다. 유의어로는 compassion, pity 등이 있으며, 반의어는 indifference입니다.

I have no **sympathy** for Chris. It's all his fault.
The project manager came out in complete **sympathy** with your opinion.
저는 Chris한테 **불쌍한 마음**이 들지 않아요. 그건 다 그의 잘못이거든요.
그 프로젝트 담당자는 당신의 의견을 전적으로 **지지**했습니다.

② top priority

'최우선 과제, 최우선 사항'을 뜻합니다. '~을 최우선 사항으로 하다'는 place[put] top priority on이라고 표현합니다.

The government's economic policy places **top priority** on reducing unemployment.
It is our **top priority** to create an innovative automobile design.
정부 경제정책은 실업률을 낮추는 데에 **최우선 순위**를 두고 있습니다.
혁신적인 자동차 디자인을 만들어 내는 것이 우리의 **최우선 과제**입니다.

③ burdensome

'부담스러운, 힘든'이라는 뜻의 격식있는 표현입니다. 유의어로는 challenging, demanding 등이 있습니다.

Preparing the tax return is quite a **burdensome** task.
The current system is unduly **burdensome** and time-consuming.
소득 신고를 준비하는 것은 매우 **힘든** 일입니다.
현 시스템은 지나치게 **힘들고** 시간이 많이 듭니다

④ comparable

'비슷한, 비교할 만한'이라는 뜻의 형용사입니다. 비교 대상을 언급할 때에는 comparable with 혹은 comparable to의 형태로 사용합니다. 동사 compare(비교하다)에서 파생되었으며, 명사형은 comparison(비교), comparability(비교 가능성) 입니다.

The two products are **comparable to** each other in price.
The adjusted figures are **comparable with** previous years.
그 두 제품들은 가격 면에서 서로 **비교할 만합니다.**
조정된 수치들이 전년도와 **비슷합니다.**

5 hesitant

'주저하는'이라는 뜻입니다. '~에 대해서 망설이다'는 be hesitant about[over], '~하는 것을 주저하다'는 be hesitant to do입니다. 동사형은 hesitate로, '~하기를 망설이다'라고 할 때 hesitate to do를 씁니다.

Mr. Peterson was **hesitant** to close the deal once he saw suspicious language in the contract.

At first I was very **hesitant** about being transferred to another branch.

계약서에서 의심스러운 문구를 발견하자 미스터 Peterson은 계약을 체결하는 것이 **망설여졌습니다**.

처음에 저는 다른 지사로 전근 가는 것에 대해 매우 **망설였습니다**.

6 standard package

'표준 패키지'라는 뜻입니다. package에는 여러 가지 뜻이 있는데, '포장'이라는 의미 외에도 '일괄 상품'이라는 뜻으로 많이 쓰입니다.

The five textbooks were sold as a single **standard package** in bookstores.

It's far simpler for software companies to offer one **standard package**.

5권의 교과서는 서점에서 단일 **표준 상품**으로 판매되었습니다.

소프트웨어 회사들은 한 가지 **표준 상품**을 제공하는 것이 훨씬 간단합니다.

7 back off

'뒤로 물러나다, 의견을 굽히다'라는 뜻입니다. back off from something으로 쓰이면 '~에 대응하지 않기로 하다'는 의미입니다. 유의어로는 draw back, withdraw 등이 있습니다.

The President **backed off** once it was clear the demonstrators would not disperse.

The negotiators will not **back off** at this point.

시위자들이 해산하지 않을 것이 분명하자 대통령은 **의견을 굽혔습니다**.

협상자들은 이 지점에서 **물러서지** 않을 것입니다.

8 keep up with

'(~의 진도나 증가 속도 등)을 따라가다'라는 뜻입니다.

Our production can't **keep up with** the demand.

It is difficult to **keep up with** the rapid pace of change.

우리의 생산이 수요를 **따라가지** 못합니다.

빠른 변화 속도를 **따라가기는 것은** 어렵습니다.

Dialogue 1 NEG0901.mp3

Listen to the dialogue and then read it aloud.
대화를 듣고 소리내어 따라 읽어 보세요.

Elly   Well, I appreciate the time you've taken to explain your product to me. But I'll need to consider some more options.

Mr. Q   But if I don't get your order by this Friday, I can't guarantee the delivery on time.

Elly   Let me be honest. I like your product. But my boss won't accept the price no matter what. And the shipping cost is too **burdensome**.

Mr. Q   I **fully understand** why you're being **hesitant**. But let's **be fair**. You can't expect such a price from anyone else.

Elly   Actually, we received a quote from Guardian Glass. They offered a 10% lower price than you.

Mr. Q   Their product is not **comparable** to our product in any way.

Elly   Anyway, we demand at least a 5% lower price and no charge on shipping.

Mr. Q   We can't go that far. Instead, I'll promise you one thing. Since working with you has always been our **top priority**, we'll **go to great lengths** to keep to the delivery time you requested.

[해석]

Elly   시간을 할애해 귀사 제품을 설명해주셔서 감사합니다. 하지만 저는 몇 가지 옵션을 더 고려해야 할 것 같아요.

Mr. Q   하지만 금요일까지 주문을 받지 못하면 제시간에 배송을 보장할 수 없어요.

Elly   솔직히 말할게요. 저는 당신 제품이 좋습니다. 하지만 저희 사장님은 어쨌든 그 가격을 받아들이지 않을 거예요. 그리고 운송비는 너무 **부담이 되네요**.

Mr. Q   **망설이는** 이유를 **충분히 이해합니다**. 하지만 **공정하게** 봅시다. 다른 그 누구로부터도 그런 가격을 기대할 수 없어요.

Elly   사실, 우리는 Guardian Glass로부터 견적을 받았어요. 그들은 귀사보다 10% 낮은 가격을 제안 했어요.

Mr. Q   그들의 제품은 우리 제품과는 어떤 식으로도 **비교가** 안 돼요.

Elly   어쨌든 우리는 최소 5% 더 낮은 가격에 무료 운송을 요청합니다.

Mr. Q   우리는 그렇게까진 할 수 없어요. 대신, 한 가지는 약속 드리죠. 귀사와 일하는 게 늘 우리에게 **최우선 순위**였기 때문에 요청한 배송시간을 지키기 위해 **최선을 다하겠습니다**.

Dialogue 2 NEG0902.mp3

First read the dialogue in Korean and then say it in English.
먼저 우리말 대화를 보고 영어로 말해 보세요.

Mr. Q 그래서, 거래가 성사된 건가요? 200개에 각각 15달러로요?

Elly 저를 만나러 오신 것은 감사하지만 가격을 낮추지 않고, 운송비를 면제해주지 않는다면 당신의 조건에 동의하는 것이 **망설여집니다**.

Mr. Q 이해할 수 있어요. **저도 당신 입장이었다면** 주저했을 겁니다.

Elly 가격을 낮춰주면 좋겠어요, 미스터 Q.

Mr. Q Elly, **공정하게 말하자면** 저는 긴급배송에 동의를 했고 설치에 관해서도 **도움을 드리겠다고** 했습니다.

Elly 배송 기간은 여전히 너무 길고, 설치를 도와주는 것도 회사의 **표준 패키지**에 포함된 거잖아요. 사실 Guardian Glass는 더 좋은 거래를 제안해왔어요. 그리고 이번 분기 가격 인상이 우리 사업에 상당한 **부담**이 됐어요.

Mr. Q 최근의 인플레이션은 우리 모두에게 영향을 주었어요. 우리는 **같은 입장이에요**, Elly 씨.

[스크립트]

Mr. Q So, do we have a deal? 200 units at 15 dollars each?

Elly I appreciate your taking the time to meet me, but I'm **hesitant** to agree to your terms if you don't lower the price and agree to waive shipping costs.

Mr. Q I know where you're coming from. I'd be reluctant too **if I were in your shoes**.

Elly I want you to come down on the price, Mr. Q.

Mr. Q Well now, Elly, to **be fair**, I did agree to rush delivery and **offered a helping hand** with installation.

Elly The delivery time is still too long and help with installation is part of your company's **standard package**. In fact, Guardian Glass has offered us a much better deal. And your price increases this quarter have made doing business with you quite **burdensome**.

Mr. Q Recent inflation has affected all of us. We're **in the same boat** here, Elly.

Mr. Q's Story  NEG0903.mp3

Listen to the situation and answer the questions below.
다음 내용을 듣고 아래의 질문에 답해 보세요.

1 What did Mr. Q agree to do?

ⓐ Lower the unit price
ⓑ Hire more workers
ⓒ Meet the deadline
ⓓ Replace a part

2 What is Mr. Jenkins demanding?

ⓐ Free product samples
ⓑ A product demonstration
ⓒ Annual contract renewal
ⓓ Free shipping for all orders

3 What can Mr. Q say to appeal to Mr. Jenkins?

[스크립트]

Mr. Q is the marketing director of a DVD player manufacturer. Recently, he's been working on getting a subcontract deal with a big electronics manufacturer. After a series of meetings, Mr. Q agreed to lower the unit price of his product by 15%, and to adjust the minimum order from 500 to 300. But it seemed that was not enough to satisfy Mr. Jenkins, the purchasing manager of the electronics manufacturer. He wanted an additional 5% off of the unit price, and free shipping for all orders. Mr. Q tried to persuade Mr. Jenkins, saying that he fully sympathized with Mr. Jenkins' needs but he had reached his bottom line. However, Mr. Jenkins didn't show any room for compromise.

[해석]

미스터 Q는 DVD 재생기 제조사의 마케팅 이사이다. 최근에 그는 대형 전자제품 제조사와 하청계약을 따내는 일을 하고 있다. 일련의 미팅 후에 미스터 Q는 제품의 대당 가격을 15% 만큼 낮추고, 최소 주문을 500에서 300으로 조정하는 데 합의했다. 하지만 그 정도로는 그 전자제품 제조사의 구매 담당자인 미스터 Jenkins를 만족시키기에는 충분하지 않은 듯했다. 미스터 Jenkins는 대당 가격을 5% 더 낮추고, 모든 주문을 무료로 운송해주기를 원했다. 미스터 Q는 미스터 Jenkins의 요구를 충분히 공감하지만, 하한가에 이르렀다고 말하며 미스터 Jenkins를 설득하려 했다. 하지만 미스터 Jenkins는 타협에 대한 어떠한 여지도 보이지 않았다.

[정답]   1. ⓐ   2. ⓓ

Exercise

Fill in the blanks with the proper words to complete each sentence.
빈칸에 적절한 어휘를 보기에서 골라 넣어서 문장을 완성하세요.

보기	ⓐ once-in-a-lifetime opportunity	ⓑ if I were in your shoes	
	ⓒ in the same boat	ⓓ offer a helping hand	ⓔ comparable

1. 우리 모두 비슷한 문제에 직면하고 있어서 **같은 처지에 있습니다**.
   We are all _____ as we are all facing a similar problem.

2. **제가 당신이라면** 다시 시도하지 않을 거예요.
   I wouldn't try it again _____.

3. 당신에게 해외 근무를 할 **일생일대의 기회**가 왔어요.
   You have a(n) _____ to work overseas.

4. 그것들은 가격 면에서 서로 **비교할 만** 해요.
   They are _____ to each other in price.

5. Jason은 업무를 빨리 마치기 위해서 당신이 **도와줬으면** 하고 있어요.
   Jason would like you to _____ so that he can finish his job early.

보기	ⓕ top priority	ⓖ went to great lengths	ⓗ can't agree more
	ⓘ keep up with	ⓙ sympathy	

6. 우리의 생산이 수요**를 따라가지** 못합니다.
   Our production can't _____ the demand.

7. 우리는 각 품목당 정해진 가격에 **완전히 동의합니다**.
   We _____ with the settled price on each item.

8. 정부 경제정책은 실업률을 낮추는 데에 **최우선 순위**를 두고 있습니다.
   The government's economic policy places _____ on reducing unemployment.

9. 당신의 슬픔을 함께 하며 깊은 **조의를 표합니다**.
   We share your loss and send you our deepest _____.

10. 그 회사는 신차를 개발하기 위해 **매우 애썼습니다**.
    The company _____ to develop a new car.

[정답] 1. ⓒ 2. ⓑ 3. ⓐ 4. ⓔ 5. ⓓ 6. ⓘ 7. ⓗ 8. ⓕ 9. ⓙ 10. ⓖ

Business Case

Read the article below, summarize it and give your opinion.
아래의 글을 읽어보고 내용을 요약 한 후 자신의 생각을 말해 보세요.

Facebook Privacy

    Facebook has long undergone scrutiny for their privacy policies. It came to a head when the social networking service launched a new advertising program, Beacon, in 2007 that shared users' purchase related information to partner retailers, Facebook itself, and the users' Facebook friends.

    Most Facebook users were unaware of the existence of Beacon until a man whose marriage proposal plans were destroyed by the program made it public. "Jeff" purchased an engagement ring from Pricestock.com to surprise his girlfriend on New Year's Eve, and the move was immediately published on his Facebook newsfeed for all of his friends, family members—and girlfriend—to read. Users sued Facebook, alleging that Beacon was an invasion of privacy, and the social-networking site eventually shut down Beacon. Facebook admitted that Beacon was a mistake and has since been more careful with its privacy policies.

---

scrutiny 정밀 조사 | privacy policy 개인정보보호정책 | come to a head 정점에 이르다, 악화되다 | unaware of ~을 알지 못하는 | make ~ public ~을 공개하다 | engagement ring 약혼반지 | sue ~을 고소하다 | invasion 침해 | shut down 중단하다

해석

    Facebook은 개인정보보호정책에 관해 오랫동안 정밀조사를 받아왔다. 그 소셜네트워크 서비스는 사용자들의 구매건과 관련된 정보를 파트너업체, Facebook, 사용자의 Facebook 친구들에게 제공한 새로운 홍보 프로그램인 Beacon을 2007년에 출시하면서 위기에 처하게 되었다.

    대부분의 Facebook 사용자들은 그 프로그램 때문에 청혼을 하려던 계획을 망치게 된 한 남성이 이것을 대중에게 공개하기 전까지는 Beacon의 존재를 알지 못했다. Jeff는 신년 전야제에 그의 여자친구를 깜짝 놀라게 해주려고 Pricestock.com에서 청혼 반지를 구매하였는데, 그 행동이 즉각적으로 그의 모든 친구들과 가족들 그리고 여자친구까지 읽을 수 있는 Facebook newsfeed에 게재되었다. 사용자들은 Beacon이 사생활을 침해한다고 주장하면서 Facebook을 고소하였고, 그 소셜네트워킹 사이트는 결국 Beacon을 폐쇄했다. Facebook는 Beacon이 실수였다는 것을 인정했고 그 후에는 개인정보보호정책에 더 주의해오고 있다.

The Driving Force of TESCO

With almost 3,000 stores all across the UK, TESCO, as the UK's leading retailer, employs more people than any other company in the nation. Along with its offline stores, it has a successful online store as well as banking, insurance, and telecommunication services. For all of its businesses, TESCO's number one policy is to ensure diversity – that is to have a balance of different people in its workforce. One of its slogans is 'Everyone is welcome at TESCO'. Here, everyone means both customers and employees.

What does TESCO do to ensure diversity? It actually has rules to ensure fair treatment for equal opportunities. It is against the rules to make unfair choices against people on the

UNIT 10

Case Study II

In this unit you will read an article on a business case and study useful expressions and vocabulary.
이 Unit에서는 비즈니스 상황에 대한 기사를 읽고 유용한 표현 및 어휘를 공부해 보겠습니다.

grounds of age, race, disability, gender, or sexual orientation. It also has a number of networks to engage with diverse groups. Some of the networks are:

- Out at TESCO which represents people with different sexual orientations
- Women in Business which supports women's issues and provides career sponsorship for women
- TESCO Asian Network which helps to raise the profile of careers for Asian employees
- ABC Network which promotes the employment of African, Black British and Caribbean people

It also has strong links with organizations for disabled people such as Whizz-Kids.

TESCO's diversity strategy brings many benefits to the business. It recruits from the widest pools of talent, so there's a greater chance to find the best person for each position. The workforce reflects the same diversity as the customers. The results are a better understanding of the customers' needs and novel ideas for customer satisfaction arising from different cultural backgrounds. The diverse age groups in the workforce also help to bring a broad range of knowledge, experience and social skills. All of these contribute to effective work processes and improved productivity.

[해석]

영국 전역에 걸쳐 3,000여 개의 매장을 갖고 있는 TESCO는 영국의 선두 소매업체로서, 자국에서 그 어떤 다른 회사들보다 많은 직원을 고용하고 있다. 오프라인 매장과 함께 온라인 매장도 성공적이며, 그 외에도 은행업, 보험업, 통신 서비스를 모두 성공적으로 이끌고 있다. 자사의 모든 사업 영역을 위한 TESCO의 제 1 방침은 다양성을 확보하는 것이다. 이는 곧 직장에서 서로 다른 사람들이 균형을 이루도록 하는 것이다. TESCO의 슬로건 중의 하나가 'TESCO는 모두를 환영합니다'이다. 여기서 '모두'란 고객과 직원 둘 다 의미한다.

TESCO는 다양성을 확보하기 위해 어떤 일들을 할까? 회사는 사실상 평등한 기회를 위해 공정한 처우를 보장하는 것을 원칙으로 삼고 있다. 나이, 인종, 장애, 성별, 혹은 성적 성향을 근거로 사람들이 공정치 못한 선택을 하는 것에 반대하고 있다. TESCO는 다양한 단체들과 관계를 맺기 위해 많은 네트워크를 갖고 있다. 다음은 그러한 네트워크들 중 몇 가지이다.

- 다른 성적 성향을 지닌 사람들을 대표하는 Out at TESCO
- 여성 관련 이슈를 지지하고 여성들을 위한 커리어 지원을 제공하는 Women in Business
- 아시아계 직원들에게 커리어 인지도를 높이는 일을 돕는 TESCO Asian Network
- 아프리카인, 영국 흑인, 캐리비안계 사람들의 고용을 촉구하는 ABC Network

TESCO는 또한, Whizz-Kids와 같은 장애인을 위한 단체들과도 긴밀한 관계를 맺고 있다.

TESCO의 다양성 전략은 사업에 많은 이점을 가져오고 있다. TESCO는 매우 다양한 재능을 가진 사람들 중에서 채용을 하기 때문에 각 직책에 가장 적합한 사람을 찾을 가능성이 더 많다. 다양한 인력 구성은 그 만큼의 다양한 고객들이 있음을 반영한다. 그 결과는 고객들의 필요에 대한 더 깊은 이해와, 각기 다른 문화적 배경에서 기인한 고객 만족을 위한 기발한 아이디어들로 이어진다. 직원들의 다양한 연령 또한 폭넓은 지식과 경험, 사회적인 기술 등을 불러오는 데 도움이 된다. 이러한 모든 것들이 효과적인 업무 프로세스와 향상된 생산성에 기여하고 있다.

Expressions

Go over some useful expressions by reading the following example sentences aloud.
다음 예문들을 여러 번 소리 내어 읽으면서 유용한 표현들을 익혀보세요.

① ensure diversity

ensure는 동사로서 '~을 확보하다, 보장하다'라는 뜻이므로, 이 표현은 '다양성을 확보하다, 다양성을 보장하다'라는 의미가 됩니다. guarantee diversity로도 쓸 수 있습니다.

The company developed a strategic plan to **ensure diversity** among its employees.
The committee will try to make full use of the board's expertise to **ensure a diversity** of opinion.

회사는 직원들 사이에 **다양성을 확보하기** 위한 전략적인 계획을 짰습니다.
위원회는 의견의 **다양성을 확보하기** 위해 위원단의 전문성을 최대한으로 이용할 것입니다.

② on grounds of

'~을 이유로, ~때문에'라는 뜻입니다. based upon, on account of와 바꾸어 쓸 수 있습니다.

The plan had to be abandoned **on grounds of** cost.
Our company is against discrimination **on grounds of** race, color, or religion.

그 계획은 비용 문제를 **이유로** 폐기되어야 했습니다.
우리 회사는 인종, 피부색이나 종교를 **이유로** 한 차별에 반대합니다.

③ raise the profile of

raise는 '~을 높이다, 고양시키다'라는 뜻의 동사로, 이 표현은 '~의 위상을 높이다, 인지도를 높이다'라는 뜻입니다.

The extra publicity will **raise the profile of** our company.
We will help **raise the profile of** your organization by promoting your events and activities.

추가 홍보 활동이 우리 회사의 **인지도를 높여줄** 것입니다.
저희는 귀하의 행사 및 활동을 홍보함으로 귀하의 조직에 대한 **인지도를 높이는** 것을 도와 드릴 것입니다.

④ bring benefits to

'~에게 이득을 가져오다'라는 의미의 표현입니다. 이는 bring advantages to로 바꾸어 쓸 수 있습니다.

There is no doubt that a lean production system can **bring benefits to** the company.
The merger will **bring benefits to** our company for many years to come.

절약형 생산 시스템이 회사**에 이득을 가져올** 거라는 것은 의심할 여지가 없습니다.
그 합병 건은 우리 회사**에** 앞으로 오랫동안 **이익을 가져다 줄** 것입니다.

Vocabulary

Go over the following key vocabulary words.
아래의 주요 어휘들을 익혀보세요.

① retailer

'소매업체, 소매상'이라는 뜻입니다. 참고로, '도매상'은 wholesaler라고 합니다.
Walmart is the largest **retailer** in the world.
Mr. Jones is a respected, experienced **retailer**.
월마트는 세계에서 가장 큰 **소매업체**입니다.
미스터 Jones는 존경 받는 경험이 풍부한 **소매상**입니다.

② sexual orientation

sexual은 '성적인'이라는 뜻이고 orientation은 '성향'이라는 뜻으로 '성적 성향'을 말합니다. sexual preference라고도 합니다.
A person should not be judged by his or her **sexual orientation**.
Sexual orientation should not be an issue when it comes to getting a job.
사람은 **성적 성향**으로 판단되면 안 됩니다.
성적 성향이 취업에 있어 문제가 되면 안 됩니다.

③ talent pool

'인력풀, 인재자원'이라는 뜻입니다. talent에는 재능이라는 뜻 뿐만 아니라, '재능 있는 사람'이라는 뜻도 있습니다. pool은 '이용 가능한 인력'이라는 뜻입니다. 유의한 표현으로는 manpower pool이 있습니다.
Vietnam has the **talent pool** to supply our manpower needs.
The big problem is that the **talent pool in the industry** is still limited.
베트남은 우리의 인력 필요를 채울 수 있는 **인적자원**을 갖추고 있습니다.
가장 큰 문제는 그 업계에서는 **인적자원**이 아직도 많지 않다는 것입니다.

④ novel

'기발한, 참신한'이라는 뜻의 형용사로, a novel idea(기발한 생각)처럼 쓰입니다.
명사형은 novelty입니다.
Jason came up with a **novel** idea to increase sales.
The company tried a **novel** attempt to apply a new technology.
Jason은 매출을 올릴 **기발한** 아이디어를 생각해냈습니다.
그 회사는 신기술을 적용하는 **참신한** 시도를 하였습니다.

Exercise

Fill in the blanks with the proper words to complete each sentence.
빈칸에 적절한 어휘를 보기에서 골라 넣어서 문장을 완성하세요.

> 보기
> ⓐ retailer
> ⓑ talent pool
> ⓒ ensure diversity
> ⓓ on grounds of

1. 회사는 직원들 사이에 **다양성을 확보하기** 위한 전략적인 계획을 짰습니다.
   The company developed a strategic plan to _____ among employees.

2. 큰 문제는 **인적자원**이 아직도 너무 부족하다는 것입니다.
   A big part of the problem is that the _____ is still far too shallow.

3. 그 계획은 비용 문제를 **이유로 폐기되어야 했습니다**.
   The plan had to be abandoned _____ cost.

4. 이마트는 한국에서 가장 큰 **소매업체**입니다.
   E-mart is the largest _____ in Korea.

> 보기
> ⓔ sexual orientation
> ⓕ raise the profile of
> ⓖ novel
> ⓗ benefits to

5. 홍보 활동이 우리 기업의 **인지도를 높여줄** 것입니다.
   The publicity will _____ our enterprise.

6. 사람은 **성적 성향으로** 판단되면 안 됩니다.
   A person should not be judged by his or her _____.

7. 그 합병 건은 우리 회사**에** 앞으로 오랫동안 **이익을 가져다 줄** 것입니다.
   The merger will bring _____ our company for many years to come.

8. Jill은 매출을 올릴 **기발한** 아이디어를 생각해냈습니다.
   Jill came up with a _____ idea to increase sales.

[정답] 1. ⓒ   2. ⓑ   3. ⓓ   4. ⓐ   5. ⓕ   6. ⓔ   7. ⓗ   8. ⓖ

Questions for Discussion

Read the following discussion questions and give your opinions.
아래의 토론 질문을 읽고 자신의 의견을 제시해 보세요.

1 While diversity in the workplace presents many advantages such as more flexibility toward changing markets and a positive brand image, it may also involve some disadvantages. For example, communication problems are more likely to arise between diverse groups. What other problems might diversity cause?

___

___

2 More and more countries are enacting equal opportunity laws to ensure that minority groups are not discriminated against in employment opportunities or in their workplaces. However, some people argue that such government interference is infringing on employers' rights to hire the people they want. What is your opinion about this?

___

___

3 Aging workforces are a global trend now. What kinds of changes do they bring to the work culture of Korea? Do you think there are areas where the elderly can perform better than the young? What are they?

___

___

[해석]
1. 직장 내 다양성은 변화하는 시장에 대한 융통성, 긍정적인 브랜드 이미지와 같은 많은 장점들을 갖고 있는 반면, 단점들도 수반할 수 있습니다. 예를 들어, 다양한 집단 사이에 소통의 문제가 발생하기 더 쉽다는 점을 들 수 있습니다. 다양성이 어떠한 다른 문제들을 불러올 수 있을까요?
2. 점점 많은 나라들이 소수 집단이 고용 과정이나 직장에서 차별 받지 않도록 하는 평등 기회법을 시행하고 있습니다. 하지만 어떤 이들은 그러한 정부의 간섭이 고용주가 원하는 사람을 채용할 수 있는 권리를 침해한다고 주장합니다. 이에 대한 당신의 의견은 어떠합니까?
3. 노동 인구의 연령대가 높아지는 것이 현재 세계적인 추세입니다. 이것이 한국의 노동 문화에 어떠한 변화를 가져오고 있습니까? 고령자들이 젊은이들보다 더 나은 업무 성과를 보이는 분야가 있다고 생각합니까? 어떠한 분야가 그러합니까?

Bargaining

UNIT 11

In this unit you will learn how to bargain during a negotiation.
이 Unit에서는 협상 도중 가격 흥정에 대해 배우겠습니다.

[preview]

Elly	협상은 어떻게 되어가고 있어?
Mr. Q	아직까진 순조로워. 이제 가장 중요한 가격 흥정(bargaining)만 남았어.
Elly	서로에게 이득이 되는(be mutually beneficial) 지점을 잘 찾아야지.
Mr. Q	그래야 할 텐데...
Elly	사장님께서 이 계약을 꼭 성사시키라고 너한테 부담을 주신다며(put pressure on you)?
Mr. Q	응, 이 계약에 우리 팀 내년 사업의 운명이 달려 있거든(at stake).

Expressions

Go over some useful expressions by reading the following example sentences aloud.
다음 예문들을 소리 내어 읽으면서 협상에 쓰이는 유용한 표현들을 익혀보세요.

① be mutually beneficial

'서로에게 이득이 되다, 누이 좋고 매부 좋다'라는 의미입니다. beneficial은 '이득이 되는'이라는 뜻의 형용사로, 비즈니스 영어에서 자주 쓰입니다.

Working from home **is mutually beneficial** for both employees and employers.

We were able to reach an agreement that **was mutually beneficial**.

재택근무는 피고용인과 고용주 **모두에게 유익합니다**.

우리는 **상호적으로 유익한** 합의에 도달할 수 있었습니다.

② split something fifty-fifty

'~을 반반씩 나누다'라는 뜻입니다. split은 '나누다'라는 뜻으로 split the bill이라고 하면 '비용을 각자 부담하다'라는 의미입니다.

Let's **split** the work **fifty-fifty**.

The net monthly profit will be **split fifty-fifty**.

그 일을 **반반씩 나눕시다**.

월별 순이익은 **오십 대 오십으로 나뉠 겁니다**.

③ give and take

give and take의 기본 의미는 '서로 주고 받다'입니다. 이 의미에서 확대되어 '쌍방 양보(타협)하다'라는 의미로 쓰입니다. '타협, 양보'라는 명사형으로 쓰이기도 합니다.

A willingness to **give and take** is important for success in any relationship.

Let's **give and take** to ensure a peaceful negotiation.

기꺼이 **타협하고자** 하는 자세는 모든 관계의 성공에 중요합니다.

평화로운 협상을 위해 서로 **타협합시다**.

④ with no strings attached

'아무런 조건 없이'라는 뜻입니다. 유의어로는 without conditions가 있습니다. 반대 의미는 with strings attached입니다.

They promised to lower my credit card interest rates **with no strings attached**.

The company gives each of the children $10,000 a year **with no strings attached**.

그들은 **아무 조건 없이** 내 신용카드 이자율을 낮춰주기로 약속했습니다.

그 회사는 자녀들 각각에게 **아무 조건 없이** 일년에 10,000달러씩 줍니다.

❺ put pressure on

'~에게 압박을 가하다, 부담을 주다'라는 뜻입니다. 'put pressure on + 사람 + to do'의 문장구조로 잘 쓰입니다.

The CEO **puts** so much **pressure on** the employees to meet production deadlines.
Why does Korea's education system **put** so much **pressure on** young children?
CEO가 직원들**에게** 생산 마감일을 맞추라고 심하게 **압력을 넣고** 있습니다.
왜 한국의 교육 시스템은 어린 아이들**에게** 그렇게 많은 **부담을 주는** 걸까요?

❻ be at stake

'~의 성패가 달려있다, 위태롭다'라는 의미입니다. stake는 명사로 '막대기, 기둥, 장대' 입니다.

The fate of our company **is at stake**.
We cannot afford to take risks when our company's reputation **is at stake**.
사운이 **달려있습니다**.
우리 회사의 평판이 **위태로울** 때 위험을 무릅쓸 순 없습니다.

❼ as you're well aware

'당신도 잘 알다시피'라는 뜻입니다. 비슷한 의미의 as you know도 많이 쓰는 구문입니다.

As you're well aware, we need to change our company policy.
As you're well aware, Google has improved its image by developing user-friendly programs.
당신도 잘 아시다시피, 우리는 회사 정책을 바꿔야만 합니다.
잘 아시다시피, Google은 사용하기 쉬운 프로그램을 개발함으로써 기업 이미지를 개선하였습니다.

❽ change one's mind

'마음 또는 생각을 바꾸다'라는 뜻입니다. 여기서 mind는 명사로 '생각'이라는 뜻을 가지고 있습니다.

It is not possible for him to **change his mind** at a later date.
I'm not going to **change my mind** about going back to school.
나중에 그가 **마음을 돌리는** 것은 가능하지 않습니다.
저는 학교로 돌아가고자 하는 **마음을 바꾸지** 않을 것입니다.

Vocabulary

Before starting the main study, go over the following key vocabulary words.
본 학습을 시작하기 전에 아래의 주요 어휘들을 익혀보세요.

① eligible

'~에 대한 자격이 있는'이라는 의미의 형용사입니다. 'be eligible for + 명사(~을 가질 자격이 있다)' 혹은 'be eligible to + 동사(~할 자격이 되다)'의 형태로 쓰입니다. 비슷한 의미의 형용사로 qualified 가 있습니다.

Only those over 60 are **eligible** for the special discount.
You need to have an active account to be **eligible** to access all of these services.
60세가 넘는 사람들만이 특별 할인을 **받을 수** 있습니다.
이 모든 서비스를 이용할 **자격이 되려면** 사용 중인 계정을 가지고 있어야 합니다.

② logistics

원래 의미는 '(업무의) 세부계획'이지만, 비즈니스 영어에서는 주로 '물류 업무'라는 뜻으로 logistics company(물류 회사), logistics team(물류팀)이 자주 쓰입니다.

Logistics manages the flow of goods.
Who is in charge of **logistics**?
물류 업무란 상품의 흐름을 관리하는 것을 말합니다.
누가 **물류 업무**를 담당하고 있죠?

③ allowance

'비용, 수당'이라는 뜻의 명사입니다. 동사 allow(허용하다)에서 파생된 명사입니다.

We pay our workers extra overtime **allowance** for night work.
Overtime **allowance** is payable if the employee is required to work beyond normal working hours.
우리는 직원들에게 야근에 대한 초과 근무 **수당**을 지불합니다.
피고용인이 정상 근무 시간 외 초과 근무 요청을 받을 시에는 초과 근무 **수당**이 지급될 수 있습니다.

④ up-front

형용사로 '선행 투자의, 선금의'라는 뜻입니다. 주로 up-front payment(선불 납입)의 형태로 많이 쓰입니다. 부사로 쓰이면 '선불로'라는 의미가 됩니다.

Up-front payment is required.
Remember that if you pay the bill **up front**, negotiations cease.
선불 납입이 필수입니다.
대금을 **선불로** 지불해버리면 협상이 중단된다는 걸 기억하세요.

⑤ evasive

'회피하는, 얼버무리는'이라는 뜻을 가진 형용사입니다. 이 단어를 사용하여 '회피 작전을 쓰다'라고 할 수 있는데, 이는 take evasive action입니다. 부사형은 evasively(회피하여)입니다.
Brian was **evasive** about why he had not been at the office today.
Ms. Kim avoided the difficult question with an **evasive** laugh.
Brian은 오늘 사무실에 없었던 이유에 대해 **얼버무렸습니다**.
미즈 Kim은 곤란한 질문을 애매한 웃음으로 **피했습니다**.

⑥ unprecedented

'유례 없는, 전례 없는'이라는 뜻입니다. 유의어로는 rare, exceptional 등이 있습니다.
As I said, this is an **unprecedented** investment.
As we enter into new markets, we will see **unprecedented** growth.
제가 말했듯이, 이것은 **전례가 없는** 투자입니다.
우리는 신규 시장에 진입하면서 **전례 없는** 성장을 기록할 것입니다.

⑦ agonizing

'고민하다, 고뇌하다'라는 뜻의 동사 agonize에서 파생된 형용사로서, '고뇌하는, 괴로운'이라는 뜻입니다.
We spent an **agonizing** hour waiting to hear if the deal had been closed or not.
The board of directors made the **agonizing** decision to let Mr. Hill go.
우리는 계약이 체결되었는지 듣기 위해 한 시간을 **고민하며** 기다렸습니다.
이사진은 미스터 Hill을 해고한다는 **힘든** 결정을 내렸습니다.

⑧ initiate

'시작하다, 착수시키다'라는 뜻입니다. 유의어로는 begin, start, launch, kick off 등이 있습니다. 명사형은 initiative(새로운 계획, 주도, 진취성)입니다.
Leaders from around the world wanted to **initiate** a discussion on worldwide economic trends.
The government has **initiated** a new campaign aimed at increasing the number of women in engineering.
전 세계 지도자들은 세계 경제 동향에 관한 토론을 **시작하고** 싶어했습니다.
정부는 공학 분야에 여성의 수를 늘리는 것을 목표로 하는 새로운 캠페인을 **시작했습니다**.

Dialogue 1 🎧 NEG1101.mp3

Listen to the dialogue and then read it aloud.
대화를 듣고 소리내어 따라 읽어 보세요.

Mr. Q　Since your vending machines are mostly located at schools, the sales rate must be very high. So we propose that you keep at least three months of supply in stock.

Elly　Sure. The average sales rate is 500 cans per month, so we'll need 1,500 cans. And we need them by March 15.

Mr. Q　March 15? That's only 15 days away. To finish our production and shipping by that date, we need to raise our price by 10%.

Elly　Why is that?

Mr. Q　It's because we need to pay our workers an extra **allowance** to work nights.

Elly　Hmm. Okay. Then let's **give and take**. We'll pay you 50% of the overall price **up front** if you don't raise your price.

Mr. Q　Well, that sounds **mutually beneficial**, but I'll need to talk about that with my boss. Anyway, you'll place your order today, right?

Elly　No. My boss will make a final decision by the end of this week.

Mr. Q　I'm afraid that will be too late. If we don't get your order by this week, we can't guarantee the delivery date you requested.

[해석]

Mr. Q　자판기가 대부분 학교에 위치해 있기 때문에 판매율이 아주 높을 거예요. 그래서 3달치의 재고를 유지하시라고 제안드려요.

Elly　물론이죠. 평균 판매율이 매월 500캔이니, 3월 15일까지 1,500캔이 필요해요.

Mr. Q　3월 15일요? 15일 밖에 안 남았네요. 그 날짜까지 생산과 선적을 끝내려면 가격을 10% 올려야 합니다.

Elly　왜 그렇죠?

Mr. Q　직원들에게 야근에 대한 초과 근무 **수당**을 지불해야 하기 때문입니다.

Elly　음. 좋습니다. 그럼 서로 **타협을 합시다**. 가격을 올리지 않으면 전체 가격의 50%를 **선불로** 낼게요.

Mr. Q　음, **상호간에 좋을** 것 같긴 한데요, 저희 사장님과 얘기를 해봐야겠습니다. 어쨌든 오늘 주문을 하실 거죠?

Elly　아니요. 저희 사장님께서는 이번 주말까지 최종 결정을 하실 거예요.

Mr. Q　유감스럽지만 그러면 너무 늦는데요. 이번 주까지 주문을 받지 못하면 요청한 배송시간을 보장할 수 없습니다.

Dialogue 2 🎧 NEG1102.mp3

First read the dialogue in Korean and then say it in English.
먼저 우리말 대화를 보고 영어로 말해 보세요.

Mr. Q	당신에게 **압박을 주고** 싶지는 않지만, 오늘 결정을 해야 합니다.
Elly	**알다시피** 여기엔 많은 것이 **걸려있어요**. 다시 세부사항을 검토해보죠. 3월 15일까지 1500개의 캔을 배송해줄 수 있으신가요?
Mr. Q	그 날짜까지 배송을 하기 위해서는 가격을 10% 인상해야 합니다.
Elly	10%요? 그거 꽤 **머리 아프군요**.
Mr. Q	**물류 업무**가 굉장히 복잡할 수 있죠. 또한 구매 비용도 선불로 결제하셔야 합니다.
Elly	저희는 **선불**을 해본 **전례가 없어요**. 하지만 가격을 인상하지 않는다면 50%를 선불로 결제할 의향은 있습니다.
Mr. Q	**상호간에 이득**인 것 같네요. 저희 사장님과 이야기해 볼게요.
Elly	언제 다시 연락해주실 수 있죠?
Mr. Q	사장님께 모든 일의 최종 결정권이 있어서 오래 걸리지는 않을 겁니다.

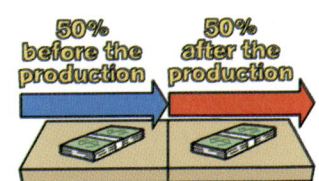

[스크립트]

Mr. Q	So I don't want to **put pressure on** you, but we'll need a decision about this today.
Elly	**As you're well aware** there **is** a lot **at stake** here for us. Let's go over the details again. Can you deliver 1,500 cans by March 15?
Mr. Q	To deliver by that date, we need to raise the price by 10%.
Elly	10%? That's kind of **agonizing** right there.
Mr. Q	**Logistics** can be very complicated. You also need to pay the purchase price in advance.
Elly	**Up-front** payment is **unprecedented** for us. But we are willing to pay 50% in advance if you don't raise the price.
Mr. Q	This sounds **mutually beneficial**. I'll have a talk with my manager.
Elly	When can you get back to us?
Mr. Q	My boss has the final say on everything, so it shouldn't take too long.

Mr. Q's Story NEG1103.mp3

Listen to the situation and answer the questions below.
다음 내용을 듣고 아래의 질문에 답해 보세요.

1 What kind of company does Mr. Kelly work for?
  ⓐ A showcase manufacturer
  ⓑ A cafe chain
  ⓒ An advertising firm
  ⓓ A computer sales company

2 What does Mr. Kelly say about Mr. Q's product?
  ⓐ Its quality hasn't been proven.
  ⓑ It is not attractive.
  ⓒ It is too expensive.
  ⓓ It is not brand new.

3 What could Mr. Q say to persuade Mr. Kelly?

[스크립트]

Mr. Q is the sales manager of a showcase manufacturer. He has recently succeeded in drawing a cafe chain's interest in his company's multi-function glass warmer showcase. He's meeting Mr. Kelly, the franchise manager of the cafe chain to talk about signing a contract.

However, Mr. Kelly is being evasive in every aspect of the negotiation. Though Mr. Q makes unprecedented offers like giving a 15% discount, Mr. Kelly keeps repeating that Mr. Q's product is a brand new one and its quality hasn't been proven.

While having a short break, Mr. Q thinks about the background information he has on Mr. Kelly's company. The company has recently been founded and doesn't have enough know-how on managing chain stores or displaying products. Also, the company is eager to increase its chain stores quickly and wants to benchmark the leading companies in the field.

[해석]

미스터 Q는 진열장 제조사의 영업부장이다. 그는 최근에 자사의 다기능 유리 보온 진열장에 카페 체인점의 관심을 끄는 데 성공했다. 그는 계약 체결에 대해 이야기하기 위해 카페 체인의 프랜차이즈 매니저 미스터 Kelly를 만나고 있다.

하지만, 미스터 Kelly는 협상의 모든 면에서 얼버무리고 있다. 미스터 Q가 15% 할인을 해준다는 제안을 해도 미스터 Kelly는 미스터 Q의 제품이 신상품이라서 품질이 입증되지 않았다는 말을 되풀이 한다.

짧은 휴식을 취하는 동안 미스터 Q는 미스터 Kelly 회사에 관한 배경 정보에 대해 생각한다. 그 회사는 최근에 설립되었고, 체인점을 관리하고 상품을 진열하는 데 관한 충분한 노하우가 없다. 또한, 그 회사는 빨리 체인점을 증가시키기를 갈망하며 업계의 선두 기업들을 벤치마킹 하고자 한다.

[정답] 1. ⓑ 2. ⓐ

Exercise

Fill in the blanks with the proper words to complete each sentence.
빈칸에 적절한 어휘를 보기에서 골라 넣어서 문장을 완성하세요.

보기	ⓐ eligible	ⓑ be mutually beneficial	ⓒ initiated
	ⓓ at stake	ⓔ put pressure on	

1. 이 거래는 향후 **서로 도움이 될 것입니다.**
   This deal will _____ in the future.

2. 정부는 공학 분야에 여성의 수를 늘리는 것을 목표로 하는 새로운 캠페인을 **시작했습니다.**
   The government has _____ a new campaign aimed at increasing the number of women in engineering.

3. 60세가 넘는 분들만 특별 할인을 받을 **자격이 됩니다.**
   Only those over 60 are _____ for the special discount.

4. 이사회는 그녀에게 사임하라는 **압력을 넣었습니다.**
   The board of directors _____ her to resign.

5. 다른 건 안 중요해요. 사운이 **달려있으니까요.**
   Everything else is unimportant, because the fate of our company is _____.

보기	ⓕ with no strings attached	ⓖ up front	ⓗ allowance
	ⓘ agonizing	ⓙ unprecedented	

6. 피고용인이 추가 근무 요청을 받을 시엔 초과 근무 **수당**이 지급될 수 있습니다.
   Overtime _____ is payable if the employee is required to work extra hours.

7. **선례가 없었던** 것은 아니지만, 흔한 일도 아닙니다.
   It is not _____, but it is also not common.

8. 그것은 그녀의 일생에서 가장 **고통스러운** 결정이었습니다.
   It was the most _____ decision of her life.

9. 저희는 **아무런 조건 없이** 당신이 원하는 것을 제공할 것입니다.
   I will provide anything you want _____.

10. 요금을 **선불로** 지불하셔야 합니다.
    You must pay the bill _____.

[정답] 1. ⓑ 2. ⓒ 3. ⓐ 4. ⓔ 5. ⓓ 6. ⓗ 7. ⓙ 8. ⓘ 9. ⓕ 10. ⓖ

Business Case

Read the article below, summarize it and give your opinion.
아래의 글을 읽어보고 내용을 요약 한 후 자신의 생각을 말해 보세요.

When Bigger Means Better

Big oil got even bigger in 1999, when Exxon and Mobil signed an $81 billion agreement to merge and form ExxonMobil. Initiated by a CEO meeting in 1998, the merging process took 18 months to complete after various meetings and negotiations. It immediately became the world's fifth largest company by revenue. The merger was so big that the Free Trade Commission (FTC) required a massive restructuring of many of Exxon & Mobil's gas stations, in order to avoid outright monopolization.

ExxonMobil remains the largest oil refiner in the world, with a huge hold on the international market and dramatic earnings. With 37 oil refineries in 21 countries constituting a combined daily refining capacity of 6.3 million barrels, ExxonMobil is a prime example of a painstakingly long merger process gone right.

merge 합병하다 | revenue 수익 | massive 거대한 | restructuring 구조조정 | outright 완전한 | monopolization 독점 | oil refiner 제유업자 | prime example 대표적인 예 | painstakingly 공들여

해석

Exxon과 Mobil이 합병을 위한 810억 달러의 협정을 맺고 ExxonMobil을 설립하면서 1999년에 거대한 석유회사가 더 거대해졌다. 1998년 경영진 회의를 시작으로, 합병 과정은 여러 회의와 협상을 거쳐 18개월이 걸렸다. 그 회사는 즉시 세계에서 수익이 5번째로 많은 회사가 되었다. 합병이 너무 커서 완전한 독점을 방지하기 위해 Free Trade Commission은 Exxon과 Mobil의 주유소들에 대규모의 구조조정을 요구하였다.

ExxonMobil은 국제시장에서 막대한 점유율을 차지하면서 엄청난 수익을 내는 세계에서 가장 큰 정유공장으로 남아있다. 합해서 하루 630만 배럴의 정제용량을 차지하는 21개국 37개의 정유공장을 소유하고 있는 ExxonMobil은 힘들고 오랜 합병 과정이 제대로 된 아주 좋은 예이다.

Making Concessions and Counter Offers

UNIT 12

In this unit you will learn how to make concessions and counter offers during a negotiation.
이 unit에서는 협상 도중 양보와 수정 제안 제시에 대해 배우겠습니다.

[preview]

Mr. Q   협상에서 가장 어려운 부분이 양보하는(make concessions) 부분인 것 같아.
Elly   무슨 말이야?
Mr. Q   협상에서 성공하려면 어느 정도 양보를 해야 하잖아? 그런데 그 '어느 정도'가 어려워.
Elly   협상 전에 미리 양보 가능한 하한선을 정해 놓고 협상에 임해야 해.
Mr. Q   그렇구나. 일단은 이쪽 입장을 확실히 전달하고, 안되겠다 싶으면 조금씩 양보하는 거지?
Elly   그렇지. 이때 중요한 건 수정 제안(make a counter offer)을 하는 거야. 예를 들어, 이쪽에서 양보해서 선주문을 하는(place a preorder) 대신 추가할인을 해 달라고(offer additional discounts) 요청하는 거지.
Mr. Q   아, 그렇구나. 협상의 길은 정말 멀고도 멀다~

Expressions

Go over some useful expressions by reading the following example sentences aloud.
다음 예문들을 소리 내어 읽으면서 협상에 쓰이는 유용한 표현들을 익혀보세요.

① make adjustments

'~을 조절하다/조정하다'라는 뜻입니다. 유의어로 '수정하다'라는 의미로 revise가 있고, '더 알맞게 고치다'의 의미로 modify가 있습니다.

I tried to **make adjustments** in the unit price, but I was unable to convince my boss.
It is no use **making adjustments** to the quantity when the quality is so low.
단가를 **조정하려고** 노력했지만 상사를 설득시키지 못했습니다.
품질이 현저히 낮은데 수량을 **조정하는 것이** 무의미합니다.

② be willing to do

'~할 의지가 있다, 기꺼이 ~하겠다'의 의미로 to 뒤에 동사원형이 옵니다. '~할 의지가 없다'라고 하려면 be not willing to do라고 쓰거나, be unwilling to do라고 하면 됩니다.

I **am willing to** give you a discount.
I'm **not willing to** sacrifice my time for his work.
기꺼이 할인을 해 드리겠어요.
전 그의 일에 제 시간을 희생**하고 싶지 않습니다**.

③ offer additional discounts

additional은 '추가적인, 부가의'라는 뜻의 형용사로, offer additional discounts는 '추가 할인을 제공하다'라는 의미가 됩니다. give[provide] additional discounts라고 사용해도 됩니다.

We would like to **offer additional discounts** for the delay.
Is your company willing to **offer additional discounts** for 1,000 units?
지연의 대가로 **추가 할인을 제공**하고자 합니다.
1000 개를 사면 **추가 할인을 제공해줄** 의지가 있으신지요?

④ in exchange for

'~대신에, ~와 교환하여'를 의미합니다. for 없이 in exchange만 쓰면 '그 대신, 답례로'라는 뜻입니다.

My boss will let me go on holiday **in exchange for** working several weekends.
Some restaurants ask customers to change their seats **in exchange for** a discount.
제 상사는 제가 몇 주 주말에 일하는 **대신** 휴가를 가게 해 주실 겁니다.
어떤 식당들은 자리를 바꾸는 **조건으로** 할인을 해줍니다.

⑤ be a stumbling block

'장애물이 되다'의 의미입니다. 협상을 하다 해결되지 않는 사안이 있을 때 이를 두고 하는 말입니다.

The price and quantity can **be a stumbling block** sometimes.
I seem to be disagreeing on everything, but I don't want to **be the stumbling block**.
가격과 수량이 때로는 **장애물이 될** 수 있습니다.
제가 모든 것에 반대하는 것 같지만 **장애물이 되고** 싶지는 않습니다.

⑥ in that case

'그런 경우에는, 그렇다면'을 의미합니다. 상대방의 말을 어느 정도 인정하면서 이야기를 이어가는 방법이며 문장의 앞 또는 끝에 사용합니다. in that situation과 바꿔 사용해도 무방합니다.

In that case, we will be more than pleased to sign the contract.
Shall I send you another copy of the contract, **in that case**?
그렇다면 기꺼이 계약서에 서명하겠습니다.
그렇다면 계약서 사본을 한 부 더 보내드릴까요?

⑦ make a counteroffer

counteroffer는 '대안'이라는 가산명사로 관사를 씁니다. make와 함께 쓰여서 '대안을 내다'라는 의미입니다.

My manager **made a counteroffer** that included a promotion and a pay raise.
The management has to **make a counteroffer** to reach a compromise.
부장님은 승진과 급여 인상을 포함한 **대안을 내놓았습니다**.
경영진은 협상에서 절충안에 이르기 위해 **대안을 내놓아야** 할 것입니다.

⑧ place a preorder

'선 주문을 하다'라는 의미입니다. put a preorder도 같은 의미입니다.

We will offer you the deal if you **place a preorder**.
I would like to **place a preorder** for 500 units.
선 주문을 하신다면 그 조건을 제시하겠습니다.
500개의 **선 주문을 넣고** 싶습니다.

Vocabulary

Before starting the main study, go over the following key vocabulary words.
본 학습을 시작하기 전에 아래의 주요 어휘들을 익혀보세요.

❶ appealing

'매력적인, 흥미로운'이라는 뜻의 형용사로, 동사 appeal(호소하다)에서 파생되었습니다. '~에게 매력적인, ~의 흥미를 끄는'이라고 할 때 'appealing to + 대상'을 씁니다. 유의어로는 attractive, charming 등이 있습니다.

Every product reviewer found our new line of body cleanser's **appealing**.
We try to make our website **appealing** to our customers.
모든 제품 리뷰 참가자들이 우리 회사의 신제품 바디 클렌저가 **매력적이라고** 생각했습니다.
저희는 저희 웹사이트가 고객들의 **마음을 끌도록** 만들고자 합니다.

❷ accompanying

'수반하는, 동반하는'이라는 뜻입니다. 동사 accompany(동반하다)에서 파생된 형용사입니다. accompanying document(동봉한 서류)와 같이 명사와 결합한 형태로 자주 등장합니다.

Please have a look at the **accompanying** paper.
How this was accomplished is written in the **accompanying** document.
동봉한 문서를 살펴보세요.
어떻게 이것이 완성되었는가는 **첨부** 서류에 나와있습니다.

❸ accessories

명사로서 단수 형태는 accessory이며, 장신구 또는 부가적으로 필요한 물건을 의미하는 '부대용품'을 뜻합니다.

They agreed to purchase the **accessories** as well.
We have not decided if we will include **accessories** in the deal or not.
그들은 **부대용품들** 또한 구매하겠다고 동의했습니다.
우리는 이 거래에 **부대용품들**을 포함시킬지 말지 결정하지 못했습니다.

❹ flip flop

명사로 '쪼리 샌들'을 의미하지만 동사로 쓰면 (태도나 생각 등을) 갑자기 바꾸는 것, 즉 한 사람의 태도가 이랬다 저랬다 갈팡질팡하는 것을 의미합니다.

The chairman of the company **flip flopped** on several issues.
Flip flopping is one characteristic a leader should not have.
그 회사의 회장은 여러 사안들에 대해 자신의 생각을 **이리저리 바꿨습니다**.
표변하는 것은 지도자가 가져서는 안 되는 한가지 특징입니다.

❺ hassle

명사로 '귀찮은 일'을 의미하며 동사로는 '재촉하다, 들볶다'의 의미로 사용됩니다. 유의어로 trouble, problem, bother 등이 있습니다.

The two partner companies did not want to **hassle** with each other.
Sending an email would be less **hassle** than making a call.
두 파트너 회사는 서로 **귀찮은 일**에 빠지기를 원하지 않았습니다.
이메일을 보내는 것이 전화를 하는 것보다 덜 **귀찮을** 겁니다.

❻ remedy

'처리 방안' 또는 '해결책'을 의미하는 명사입니다. '~을 해결하다'의 의미를 가진 동사로도 쓰입니다. 유의어로는 solution, cure 등이 있습니다.

The **remedy** to the disagreement might be a new contract.
I tried to **remedy** the situation, but it wasn't easy.
의견 충돌의 **해결책**은 새로운 계약일 수도 있습니다.
나는 상황을 **해결하려고** 노력했지만 쉽지가 않았습니다.

❼ reluctant

'꺼리는, 마지못한, 주저하는'이라는 뜻입니다. 유의어로는 unwilling, hesitant 등이 있고, 반의어로는 willing이 있습니다. '~하기를 꺼려하다'는 be reluctant to do입니다.

Our CEO has been **reluctant** to do business with Mr. Adams.
Katie was **reluctant** to admit she was wrong.
저희 사장님께서는 미스터 Adams와 거래하기를 **꺼려하십니다**.
Katie는 자신이 틀렸다는 것을 인정하기를 **꺼렸습니다**.

❽ warranty

'품질 보증, 품질 보증서'를 의미하는 명사로, a two-year warranty(2년 품질 보증), under warranty (품질 보증 기간 중인)와 같이 쓰입니다.

The product comes with a one-year **warranty**.
Is the TV still under **warranty**?
제품에는 1년짜리 **품질 보증서**가 딸려 나옵니다.
그 TV는 아직 **품질 보증** 기간 중인가요?

Dialogue 1 NEG1201.mp3

Listen to the dialogue and then read it aloud.
대화를 듣고 소리내어 따라 읽어 보세요.

Mr. Q　After the previous meeting, we've **made** some **adjustments** on the price. We'll **offer** you **an additional** five percent **discount**.

Elly　Five percent? I believe I requested a ten percent discount.

Mr. Q　I'm afraid that's not possible in the current situation. If you increase your order up to 500 units, we might be able to give you an additional ten percent discount.

Elly　That's too large. This is our first trial of your computers, so we'll need to see if they work within our system.

Mr. Q　I'm absolutely sure they will work perfectly. Besides, if you want, we can dispatch our management staff to your company.

Elly　That's quite **appealing**. But still, we cannot take that much risk.

Mr. Q　Okay. Let's not **hassle** over this. If you purchase **accessories** along with the computers, we can **offer** you **an additional discount**.

Elly　Hmm. Fine. We**'re willing to** purchase the **accessories in exchange for** a $500 drop in the overall price.

[해석]

Mr. Q　이전 미팅 후에 약간의 가격 조정을 했습니다. 추가로 5% 할인을 해드리겠습니다.
Elly　5%요? 제가 10% 할인을 요구한 걸로 아는데요.
Mr. Q　안타깝지만 현 상황에서 그건 불가능합니다. 주문을 500개로 증가시키면 추가로 10%를 할인해 드릴 수도 있습니다.
Elly　그건 너무 크군요. 이번이 당신 컴퓨터를 처음 사용하는 것이어서 컴퓨터가 저희 시스템에서 잘 작동할지 봐야 합니다.
Mr. Q　컴퓨터는 완벽하게 작동할 것을 전적으로 확신합니다. 게다가, 원하시면 저희 관리 직원을 귀사에 파견할 수 있습니다.
Elly　그거 **매력**적이네요. 하지만 우리는 여전히 그만한 모험은 할 수 없어요.
Mr. Q　좋아요. 이 문제로 **씨름하지** 맙시다. 컴퓨터와 함께 **주변기기**를 구매하시면 **추가 할인**을 해드리겠습니다.
Elly　음. 좋습니다. 전체 가격에서 500달러를 낮추는 **대신 주변기기를 기꺼이 구매하겠습니다**.

Dialogue 2   NEG1202.mp3

First read the dialogue in Korean and then say it in English.
먼저 우리말 대화를 보고 영어로 말해 보세요.

Mr. Q   지난 번 회의 때 나온 **걸림돌**에 대해 저의 상사와 이야길 나눠봤어요. 저희는 다음과 같이 할 **의향이 있습니다.**

Elly   말씀해 보세요.

Mr. Q   더 많은 양을 사는 **조건으로** 단가에 대해 대폭 양보하겠습니다. 5% 할인에 대해 어떻게 생각하세요?

Elly   전 10% 할인을 바라고 있었는데요.

Mr. Q   만약 500개를 **선 주문한다**면 10%를 깎아드릴 의향이 있습니다.

Elly   그건 좀 **번거로운 일**이네요. 그쪽 컴퓨터가 저희 시스템 내에서 잘 작동하는지 봐야 해요.

Mr. Q   회사 내에 컴퓨터를 설치하기 위해 저희가 보유한 최고의 관리팀을 보내드릴 수 있습니다.

Elly   그거 솔깃하군요. 전체 금액에서 $500를 할인해 주는 것은 어떻습니까? 대신에 모든 **부수적인 부대용품들**을 구입하겠어요.

Mr. Q   그거 좋은 조건인 것 같네요.

[스크립트]

Mr. Q   So I've talked with my boss about some of the **stumbling blocks** from our last meeting, here's what we're **willing to** do.

Elly   I'm all ears.

Mr. Q   **In exchange for** buying a larger quantity, we'll make substantial concessions on the unit price. What do you think of a 5% discount?

Elly   I was hoping for a 10% discount.

Mr. Q   If you agree to **place a preorder** of 500 units we are willing to give you a 10% discount.

Elly   That's a bit of a **hassle**. We need to see if your computers work well within our system.

Mr. Q   We can send you our superb management team to install the computers within your company.

Elly   That sounds tempting. How about a $500 discount in the overall amount? In exchange we'll buy all the **accompanying accessories**.

Mr. Q   That sounds like a good deal.

Mr. Q's Story

🎧 NEG1203.mp3

Listen to the situation and answer the questions below.
다음 내용을 듣고 아래의 질문에 답해 보세요.

1 What did Ms. Parker ask Mr. Q to do?

   ⓐ Redesign the product
   ⓑ Provide free shipping
   ⓒ Provide regular maintenance
   ⓓ Offer an additional discount

2 What did Mr. Q think of Ms. Parker's suggestion?

   ⓐ It was reasonable.
   ⓑ It was not fair.
   ⓒ It was flexible.
   ⓓ It was rigid.

3 Should Mr. Q agree to Ms. Parker's demands or suggest other options? Why?

[스크립트]

Mr. Q is the marketing manager of an aircraft parts manufacturer. He has recently been engaging in a negotiation with Ms. Parker, an aircraft manufacturer's purchaser. Mr. Q believed Ms. Parker would agree to his suggestion – buying 500 combustion chambers with the unit price of $1,659. But Ms. Parker didn't. She insisted that Q's company offer an additional 10% discount on the overall price.

Mr. Q thinks that's too much and is trying to persuade Ms. Parker by suggesting other options, such as lowering the shipping cost by 15% and shortening the production period from 3 months to 2 months. Then Ms. Parker makes a counter offer, demanding that the technical staff of Mr. Q's company should be dispatched to Ms. Parker's company for free whenever she requires.

Mr. Q was confused over what to do. On one hand, he thinks he can agree to Ms. Parker's suggestion as long as the price stays at $1,659. But on the other hand, he fears it will cause quite a loss if the technical staff is called out by Ms. Parker's company too frequently.

[해석]

미스터 Q는 항공기 부품 제조사의 마케팅 부장이다. 그는 최근에 항공기 제조사의 구매담당자인 미즈 Parker와 협상을 하고 있다. 몇 차례의 협상 후에 미스터 Q는 미즈 Parker가 개당 1,659달러에 500개의 연소실을 구입하는 그의 제안에 동의할 것으로 믿었다. 하지만 미즈 Parker는 그러지 않았다. 그녀는 미스터 Q의 회사가 전체 가격에서 추가 10% 할인을 제공해줘야 한다고 주장했다.

미스터 Q는 그게 너무 과하다고 생각하며 운송비를 15% 낮추고, 생산기간을 3개월에서 2개월로 줄이는 것과 같은 다른 옵션을 제안해 미즈 Parker를 설득하려고 한다. 그러자 미즈 Parker는 그녀의 회사가 요청할 때마다 기술 인력을 파견할 것을 요구하는 수정 제안을 한다.

미스터 Q는 어떻게 해야 할지 혼란스럽다. 한편으로는 가격이 1,659달러로 유지되는 한 미즈 Parker의 제안에 동의할 수 있다고 생각한다. 하지만 다른 한편으로는, 기술 인력이 너무 자주 미즈 Parker의 회사에 불려가면 손실이 상당할 것을 우려한다.

[정답]   1. ⓓ   2. ⓑ

Exercise

Fill in the blanks with the proper words to complete each sentence.
빈칸에 적절한 어휘를 보기에서 골라 넣어서 문장을 완성하세요.

보기	ⓐ willing to	ⓑ accompanying	ⓒ place a preorder
	ⓓ in exchange for	ⓔ stumbling block	

1. 고객은 300개의 **선 주문을 하고** 싶어 합니다.
   The client would like to _____ of 300 units.

2. 우리는 당신 회사에 **방해물**이 되고 싶지 않습니다. 대신에 도움을 드리고 싶습니다
   We don't want to be a(n) _____ for your company. Instead, we want to help you.

3. 제 상사는 제가 주말에 몇 주 일하는 **대가로** 휴가를 가게 해줄 겁니다.
   My boss will let me go on holiday _____ working several weekends.

4. **첨부된** 서류를 봐 주세요.
   Please have a look at the _____ paper.

5. 만약 100개를 더 주문하시면 저희 회사는 할인**해** 드릴 **의향이 있습니다**.
   Our company is _____ to give you a discount if you order 100 additional units.

보기	ⓕ appealing	ⓖ flip flop	ⓗ remedy
	ⓘ hassle	ⓙ counteroffer	

6. Susan은 이 문제의 **해결책**이 제품들을 제조하는 것을 중지하는 것이라고 믿고 있습니다.
   Susan believes the _____ to this problem is to stop manufacturing the products.

7. 모든 제품 리뷰 참가자들이 우리 회사의 신제품 바디 클렌저가 **매력적이라고** 생각했습니다.
   Every product reviewer found our new line of cosmetics is _____.

8. 직원들이 혼란스러워 할 테니 그 문제에 대해 **태도를 바꾸지** 마세요.
   Don't _____ on the issue again because it will make the employees confused.

9. 계약을 놓친 것은 **귀찮은 일**이 될 수도 있지만 긍정적으로 생각하면 새로운 시작이 될 수도 있어요.
   Losing the contract can be a _____, but looking on the bright side, it can be a new start.

10. 조건에 동의하지 않으시니 **수정 제안**을 보내 드리겠습니다.
    Since you do not agree with the deal, we will send you a _____.

[정답] 1. ⓒ 2. ⓔ 3. ⓓ 4. ⓑ 5. ⓐ 6. ⓗ 7. ⓕ 8. ⓖ 9. ⓘ 10. ⓙ

Business Case

Read the article below, summarize it and give your opinion.
아래의 글을 읽어보고 내용을 요약하고 자신의 생각을 말해보세요.

Starbucks: A Case of Uncontrolled Growth

In the 2000's, the coffeehouse chain Starbucks started to add new offerings to its stores, including Wi-Fi, books, music and movies for sale. However through this process, Starbucks started to lose its warm "neighborhood store" feeling in favor of a chain store persona. As a result, the company became a mass brand attempting to command a premium price for an experience that is no longer special. In order to keep up, Starbucks would either have to cut prices, or cut down on stores to restore its brand exclusivity. Since 2009, Starbucks has closed 300 stores in the United States.

Three problems were identified with the growth of Starbucks: alienating early customers, too broad of an appeal, and superficial growth through new stores and products. Critics argue that Starbucks should have stayed private, growing at a controlled pace to maintain its status as a premium brand.

offering 제공되는 것 | in favor of ~을 위하여 | chain store 체인점 | persona 모습 | premium price 높은 가격 | brand exclusivity 브랜드 독창성 | alienate 소원하게 만들다 | superficial 표면적인 | premium brand 고급 브랜드

해석

2000년 대에 커피점 체인 Starbucks는 매장에 와이파이, 책, 음악과 영화를 판매하는 것을 포함하여 새로운 것들을 제공하기 시작했다. 그런데, 이 과정을 통해 Starbucks는 체인 매장의 모습을 따르면서 따뜻한 '동네 가게'의 느낌을 잃었다. 그 결과로 회사는 더 이상 특별한 경험이 아닌 것에 대해 추가적인 가격을 요구하는 거대한 브랜드가 되었다. 계속 나아가기 위해 Starbucks는 가격을 인하하거나 가게의 수를 줄여 브랜드의 독창성을 회복해야 할 것이다. 2009년부터 Starbucks는 결국 미국에서 300개의 매장을 닫게 되었다.

Starbucks의 성장과 관련하여 세 가지의 문제가 발견되었는데 초기의 고객을 떠나게 한 것, 너무 광범위한 어필, 새로운 매장들과 제품들로 인한 얄팍한 성장이다. 비판가들은 Starbucks가 조용히 혼자 있을 수 있는 분위기로 계속 있으면서 고급 브랜드로서의 입지를 유지하기 위해 통제된 속도로 성장했어야 한다고 주장한다.

Delivering an Ultimatum

UNIT 13

In this unit you will learn how to deliver ultimatums during a negotiation.
이 unit에서는 협상 중에 최후통첩 하는 것에 대해 배우겠습니다.

[preview]

Mr. Q 표정이 왜 그래? 무슨 걱정 있어 보여.

Elly 응, 이따 오후에 협상 중이던 회사에게 최후통첩을 할(give them an ultimatum) 예정이거든. 가격 하한선을 제시하고 그게 안 되면 협상을 그만두겠다고(walk away) 말할 거야.

Mr. Q 꽤 강경한 입장(strong stance)이네?

Elly 응, 순이익률을 감안하면(considering the net profit margin) 더 이상의 가격 양보는 하기 힘들어.

Mr. Q 그렇구나. 협상에선 늘 가격이 난제(sticking point)가 되지.

Expressions

Go over some useful expressions by reading the following example sentences aloud.
다음 예문들을 소리 내어 읽으면서 협상에 쓰이는 유용한 표현들을 익혀보세요.

① That's the lowest I can go

'그것이 제가 드릴 수 있는 최저가입니다'라는 의미입니다. '최저 가격'의 영어표현은 lowest price인데, 이 문장에서는 price가 생략되었습니다.
That's the lowest I can go when it comes to price settlement.
That's the lowest I can go according to the company's marketing policy.
가격 결정에 관한 한 **그것이 제가 드릴 수 있는 최저가입니다**.
회사의 마케팅 정책에 따르면 **그것이 제가 드릴 수 있는 최저가입니다**

② considering the net profit margin

'순이익률을 감안하면'이라는 뜻으로, net profit margin은 '순이익률'이라는 경제용어입니다.
Considering the net profit margin, $300 per unit is the least acceptable deal for us.
We need to negotiate the deal while **considering the net profit margin**.
순이익률을 감안했을 때, 단가 300달러가 우리 측이 최대한 허용할 수 있는 가격입니다.
우리는 **순이익률을 감안하면서** 협상을 할 필요가 있습니다.

③ be a sticking point

sticking point란 토론이나 협상 도중 '문제가 되는 조항, 난제'라는 뜻입니다.
Pricing **is** one of the main **sticking points** in our negotiations.
A major **sticking point** between the two Koreas is North Korea's nuclear program.
가격 책정이 우리 협상에 있어 주요한 **난제** 중 하나입니다.
남북한 관계에서 가장 **문제가 되는 사안**은 북한의 핵개발 프로그램입니다.

④ match the price

'(경쟁사 수준으로) 가격을 맞춘다'는 표현입니다.
Samsung Electronics and its counterpart **matched the price** of a third manufacturer.
Despite disagreement between the parties, they finally **matched the price** of their competitors.
Samsung Electronics와 상대 회사 측은 제 3의 제조업체 수준으로 **가격을 맞추었습니다.**
당사자끼리 의견 불일치는 있었지만, 결국에는 경쟁사 수준으로 **가격을 맞추었습니다.**

5 stick to a demand

'입장을 고수하다'라는 뜻으로, '~을 고수하다'라는 뜻의 동사 표현 stick to와 '요구'라는 뜻의 명사 demand가 합쳐진 표현입니다. 비슷한 의미의 표현으로 stick to one's guns가 있습니다.
I'm afraid we won't be able to make a deal at this time if you **stick to your demand**.
You will definitely be in trouble if you keep **sticking to your guns**.
당신의 입장을 고수한다면, 이번 계약은 성사하기가 어려울 것입니다.
당신의 입장을 지속적으로 **고수한다면**, 분명히 어려움에 처할 것입니다.

6 be forced to do

'~할 것을 강요 받다', 또는 '~해야만 하다'라는 뜻입니다. 반대 의미를 지닌 표현으로 be willing to do (기꺼이 ~하다)가 있습니다.
Ms. Miller **was forced to** cancel her presentation because of her illness.
Mr. Q will **be forced to** participate in the international conference next month.
미즈 Miller는 아파서 프레젠테이션을 취소**해야만 했습니다**.
미스터 Q는 다음 달에 열리는 국제컨퍼런스에 참석**해야만 할 것입니다**.

7 have no other option but to do

'~하는 것 외에 다른 대안이 없다, ~할 수 밖에 없다'라는 뜻으로, option(선택사안)은 choice, alternative와 같은 단어로 대체될 수 있습니다.
If you don't agree to buy our products in bulk, we **have no other option but to** walk away.
To make a profit, we **have no other option but to** devise an aggressive marketing strategy.
귀사가 우리측의 제품을 대량구매 하는 데 동의하지 않는다면, 저희는 이번 협상에서 빠지는 **방법 밖에 없습니다**.
이윤을 창출하기 위해 우리는 매우 공격적인 마케팅 전략을 세우는 **수 밖에 없습니다**.

8 walk away

'힘든 상황을 외면하고 떠나버리다'라는 뜻으로, 비즈니스 상황에서는 주로 '협상에서 빠지다, 협상을 그만두다'라는 의미로 쓰입니다.
We need to suit their needs, otherwise they will just **walk away**.
Don't just **walk away** when you're faced with a problem.
우리는 그들의 요구를 들어줘야 합니다. 그렇지 않으면 그들은 협상을 **그만둬버릴 것입니다**.
문제가 닥쳤을 때 **외면하지** 마십시오.

Vocabulary

Before starting the main study, go over the following key vocabulary words.
본 학습을 시작하기 전에 아래의 주요 어휘들을 익혀보세요.

① ultimatum

'최후통첩(통보)'라는 뜻으로 '최후통첩을 하다' 라고 쓸 때, 'give + 사람 + an ultimatum'의 형태로 자주 쓰입니다.

The board committee decided to give the CEO an **ultimatum**.
We sent an **ultimatum** to Mr. Howard's company, but they didn't respond to us.
이사회에서는 CEO에게 **최후통첩**을 하기로 결정하였습니다.
미스터 Howard의 회사에 **최후통첩**을 보냈지만, 그들은 우리 측에게 응답을 하지 않았습니다.

② irrevocable

'변경할 수 없는, 돌이킬 수 없는'이라는 뜻으로, 형용사 revocable(무효화할 수 있는)의 반의어입니다. 주로 격식을 갖춘 문장에서 자주 볼 수 있습니다.

The boss's decision to close down his business was **irrevocable**.
The company's unnecessary investment to this project is now **irrevocable**.
사업을 접겠다는 사장의 결정은 **돌이킬 수 없었습니다**.
이번 프로젝트를 향한 회사의 불필요한 투자는 이제 **돌이킬 수 없습니다**.

③ prominent

'중요한, 유명한'의 뜻입니다. 유의어로는 famous, leading, noticeable 등이 있습니다.

Julian played a **prominent** role in developing a new product.
We will sponsor a series of lectures given by **prominent** market analysts.
Julian은 신제품을 개발하는 데 있어서 **중요한** 역할을 했습니다.
우리는 **유명한** 시장 분석가들이 하는 일련의 강연을 후원할 것입니다.

④ workforce

특정 기업이나 조직의 '노동자, 직원, 인력', 혹은 국가나 지역의 '노동력'이라는 뜻으로 쓰이는 명사입니다.

Ongoing training is important in maintaining a productive **workforce**.
A quarter of the **workforce** in their 20s and 30s is unemployed.
지금 진행중인 훈련은 생산적인 **인력**을 유지하는 데 있어 중요합니다. .
20~30대 **노동력**의 4분의 1이 미취업 상태입니다.

5 stance

어떤 일에 대한 공개적인 '입장이나 태도'라는 의미로 쓰이는 명사이며, 입장이나 태도를 보이는 대상 앞에 전치사 on을 씁니다. 유의어로는 attitude, stand가 있습니다.

Our strong **stance** on security issues has upset some people.
The White House took a strong **stance** against the Islamic militia group.
보안 문제에 대한 우리의 강경한 **입장**이 몇몇 사람들을 화나게 했습니다.
백악관은 이슬람 무장 단체를 향해 강경한 **입장**을 취했습니다.

6 wear out

기본 의미는 '많이 써서 낡게 하다, 마모시키다'라는 뜻인데, 이 뜻에서 확장되어 '매우 지치게 하다'라는 뜻으로 쓰입니다.

I got so **worn out** after the long negotiations that I agreed to a terrible price.
You will **wear** yourself **out** unless you take a break from time to time.
길고 긴 협상 끝에 **너무 지쳐서**, 형편없는 가격에 동의하고 말았습니다.
짬짬이 시간을 내어 쉬지 않으면 결국 **지쳐서 쓰러질** 것입니다.

7 threaten

'~을 위협(협박)하다'라는 뜻으로, '협박'이라는 뜻의 명사 'threat'에 접미사 -en이 붙어 만들어진 동사입니다. 유의어로는 intimidate, endanger, jeopardize가 있습니다.

The country is **threatening** the international community by developing nuclear weapons.
The big conglomerate **threatens** mom and pop stores as it expands its business.
그 나라는 핵무기를 개발함으로써 국제사회를 **위협하고** 있습니다.
그 대기업은 사업을 확장함으로써 영세상인들을 **위협하고** 있습니다.

8 alternative

'대안'이라는 뜻을 가진 명사입니다. '대안의, 대체의'라는 뜻의 형용사로도 자주 쓰입니다.

We have no **alternative** but to choose them as our supplier.
Drivers must take **alternative** routes while the Washington Bridge is being repaired.
그들을 우리 공급업자로 선정하는 수밖에 다른 **대안**이 없습니다.
운전자들은 워싱턴 대교가 수리되는 동안 **대체**로를 이용해야 합니다.

Dialogue 1 🎧 NEG1301.mp3

Listen to the dialogue and then read it aloud.
대화를 듣고 소리내어 따라 읽어 보세요.

Elly	We've tried our best to satisfy all of your demands, but unfortunately, we can't accept some of them.
Mr. Q	Hmm. What are they?
Elly	The first one is the price. **Considering the net profit margin**, $300 per unit isn't the least acceptable deal for us. We won't be able to make a deal at this time if you **stick to your demand**.
Mr. Q	Come on. We've been working together for a long time. Give me some leeway.
Elly	That's what I want to say. The production time you suggest is too short, too. With our current **workforce**, we need at least 15 more days to finish production.
Mr. Q	But that will be too late. If you can't guarantee the delivery by this month, I'll **be forced to** work with someone else.
Elly	All right, then. I'll ask my boss to hire part-time workers to meet the deadline. But obviously, our final agreement will be **irrevocable**.

[해석]

Elly	모든 요구를 충족시키기 위해 최선을 다했지만, 불행히도 일부는 수용할 수 없습니다.
Mr. Q	음. 무엇인가요?
Elly	첫 번째는 가격입니다. **순이익률을 고려하면** 대당 300달러는 우리가 수용할 수 있는 하한가가 아닙니다. 그 **요구를 고집하시면** 이번 계약을 할 수 없을 것 같습니다.
Mr. Q	봅시다. 우리는 오랫동안 함께 일해왔어요. 좀 봐주세요.
Elly	그건 제가 하고 싶은 말이에요. 제안하신 생산기간도 너무 짧아요. 현재 우리 **인력**으로는 생산을 끝내려면 최소한 15일이 더 필요해요.
Mr. Q	하지만 그건 너무 늦어요. 이달 말까지 배달을 보장할 수 없다면 다른 사람과 일하는 **수 밖에 없어요**.
Elly	좋습니다. 제 상사에게 마감기한을 맞추기 위해 시간제 근로자를 고용할 것을 요청하겠습니다. 하지만 분명히 최종 결정은 **변경할 수 없어요**.

Dialogue 2   NEG1302.mp3

First read the dialogue in Korean and then say it in English.
먼저 우리말 대화를 보고 영어로 말해 보세요.

Elly	죄송하지만, 그 거래를 받아들일 수 없습니다.
Mr. Q	저는 이 계약을 하고 싶지만 당신의 **요구사항만을 고집한다면** 저는 여기서 **철수해야 할 것** 같네요. 1개 당 300달러는 저희가 15% 가격 인하를 한 거예요.
Elly	그것이 저희의 **걸림돌**이에요. 저희는 280달러 이상은 지불할 수 없어요. 이 요구를 받아들이지 못하신다면, 당신의 경쟁회사에 **갈 수 밖에 없습니다**.
Mr. Q	**최후통첩**으로 저를 **협박하실** 필요는 없습니다.
Elly	다른 모든 선택사항들을 고려해봤으니 **가격을 맞춰주실 수** 없다면 저도 어쩔 수 없습니다.
Mr. Q	생각은 해보겠지만 생산의뢰를 완료하기 위해서는 15일이 더 소요됩니다.
Elly	그건 너무 늦어요. 더 속도를 내실 수 없다면 저는 **대안**을 찾아볼 수 밖에 없습니다.

[스크립트]

Elly	I'm sorry but I just can't accept that deal.
Mr. Q	I really want to do this deal but if you are really going to **stick to your demand** I might have to **walk away**. $300 per unit represents a 15% cut for us.
Elly	I'm afraid that's a **sticking point** with us. We can't pay more than $280. If you can't agree to this, I'll **have no other option but to** go to your competitor.
Mr. Q	There's no need to **threaten** me with an **ultimatum**.
Elly	If you can't **match that price,** there will be nothing I can do as we have considered all other options.
Mr. Q	We'll think about it but we need 15 more days to finish your production request.
Elly	That's too late. I'll **be forced to** look at **alternatives** if you can't speed up.

Mr. Q's Story  NEG1303.mp3

Listen to the situation and answer the questions below.
다음 내용을 듣고 아래의 질문에 답해 보세요.

1 What did Mr. Q's team develop?

　ⓐ A website　　　　　　　　　　ⓑ An automobile
　ⓒ A vacuum cleaner　　　　　　　ⓓ A heavy machine

2 What did Mr. Q hold a firm stance about?

　ⓐ Promotion method　　　　　　　ⓑ Production time
　ⓒ Order quantity　　　　　　　　　ⓓ Shipping period

3 Should Mr. Q accept or reject Ms. Thompson's suggestion? Why do you think so?

[스크립트]
　　Mr. Q is the head of the R&D team of a small venture firm that produces household appliances. His team has recently succeeded in making an innovative robotic vacuum cleaner. The promotion team of his company successfully demonstrated the product at the annual venture expo, and a prominent electronics retail chain suggested a contract.
　　Mr. Q has had negotiations with Ms. Thompson, the retail chain's purchasing manager. Though Mr. Q has held a firm stance on the price and order quantity, Ms. Thompson demands more discounts as the negotiations proceed. Finally, Mr. Q decides to walk away from the negotiation. Then Ms. Thompson suddenly makes a new suggestion. She will buy Mr. Q's product at the price and quantity he demanded if the product is sold under her company's name. This might be a good chance for Mr. Q's company to raise its brand awareness. Now, it's time to make a decision.

[해석]
　　미스터 Q는 가전제품을 생산하는 작은 벤처 회사의 R&D 팀장이다. 그의 팀은 최근에 혁신적인 로봇 진공청소기를 만드는 데 성공했다. 회사의 홍보팀은 연례 벤처 엑스포에서 성공적으로 제품 시연을 했고, 유명한 전자제품 소매상이 계약을 제안했다.
　　미스터 Q는 그 소매 체인의 구매부장인 미즈 Thopmson과 협상을 가졌다. 미스터 Q는 가격과 주문량에 대해 확고한 입장을 가지고 있음에도 불구하고 미즈 Thompson은 협상이 진행됨에 따라 더 많은 할인을 요구하고 있다. 결국 미스터 Q는 협상에서 손을 떼기로 결정한다. 그런데 미즈 Thompson이 갑자기 새로운 제안을 한다. 그것은 제품을 미즈 Thompson 회사의 이름으로 판매한다면 미스터 Q가 요구한 가격과 수량에 그의 제품을 구입하겠다는 것이다. 이는 미스터 Q의 회사가 브랜드 인지도를 높일 수 있는 좋은 기회가 될 수도 있다. 이제, 결정을 내릴 시간이다.

[정답]　1. ⓒ　2. ⓒ

Exercise

Fill in the blanks with the proper words to complete each sentence.
빈칸에 적절한 어휘를 보기에서 골라 넣어서 문장을 완성하세요.

| 보기 | ⓐ irrevocable | ⓑ considering the net profit margin |
| | ⓒ sticking points | ⓓ ultimatum | ⓔ workforce |

1. 순이익률을 감안했을 때, 그 회사는 프로젝트에 관한 예산을 줄여야 합니다.
   The company needs to reduce its budget on the project, _____.

2. 가장 중요한 난제 중 하나는 그 모임의 대표를 선출하는 일입니다.
   One of the major _____ is the appointment of the representative of the group.

3. 존은 아들의 학교 빠지는 문제에 관하여 최후통첩을 내렸습니다.
   John finally gave his son an _____ regarding playing hooky.

4. 현재 진행 중인 훈련은 생산적인 노동인력을 유지하는 데 있어 중요합니다.
   Ongoing training is important in maintaining a productive _____.

5. 그들은 중동의 새로운 시장에 진입하기 위해 돌이킬 수 없는 결정을 내렸습니다.
   They made a(n) _____ decision to enter the Middle Eastern market.

| 보기 | ⓕ have no other option | ⓖ alternative | ⓗ stance |
| | ⓘ matched the price | ⓙ prominent |

6. 정부는 아동 학대에 관한 강경한 입장을 취했습니다.
   The government took a strong _____ against child abuse.

7. 운전자들은 워싱턴 대교가 수리되는 동안 대체로를 이용해야 합니다.
   Drivers must take _____ routes while the Washington Bridge is being repaired.

8. 대기업들은 노동인력을 줄이는 것 밖에는 방법이 없습니다.
   The conglomerates _____ but to shrink their workforce.

9. 우리는 유명한 시장 분석가들이 하는 일련의 강연을 후원할 것입니다.
   We will sponsor a series of lectures given by _____ market analysts.

10. 그 식료품 체인은 경쟁사 가격에 맞추었습니다.
    The grocery chain _____ of its competitors.

[정답] 1. ⓑ 2. ⓒ 3. ⓓ 4. ⓔ 5. ⓐ 6. ⓗ 7. ⓖ 8. ⓕ 9. ⓙ 10. ⓘ

Business Case

Read the article below, summarize it and give your opinion.
아래의 글을 읽어보고 내용을 요약 한 후 자신의 생각을 말해 보세요.

Oil Spill Backlash

The BP oil spill in the Gulf of Mexico in April of 2010 is considered the largest accidental marine oil spill in the history of the petroleum industry. It has cost the British energy giant BP tens of billions of dollars in fines and cleanup costs. Total costs have been estimated above $40 billion. The oil rig that exploded and sunk was BP's responsibility, but it did work with a number of partners.

A primary partner was oil rig owner and operator Transocean Offshore. BP had alleged that Transocean should be on the hook for as much as $15 billion in cleanup costs. Officially, Transocean owned the rig while BP owned most of the Macondo oil well that blew and was the primary culprit for the spill. The case boils down to the legal language in the rig contracts but does appear to favor Transocean over BP. So far, both sides continue to fight, and an eventual settlement is likely to be made within a few more years.

---

oil spill 석유 유출 | Gulf of Mexico 멕시코만 | marine 해양의 | petroleum industry 석유공업 | fine 벌금 | officially 공식적으로 | oil rig 석유 굴착 장치 | be on the hook 책임지다 | culprit 범인 | boil down to 결국 ~이 되다 | settlement 해결, 합의

해석

2010년 4월에 발생한 멕시코 만에서의 BP 석유 유출은 석유산업 역사상 가장 대규모의 해양 기름유출 사고로 여겨진다. 영국의 거대 에너지 기업인 BP는 그 사건으로 벌금과 정화 작업을 위한 수백억 달러의 대가를 치렀다. 총액은 400억 달러 이상일 것으로 추정되었다. 폭발하면서 가라앉은 석유굴착장치는 BP에게 책임이 있었지만, 많은 파트너 기업들과도 관련이 있었다.

1차 파트너 기업은 석유굴착장치를 소유하고 운영하는 Transocean Offshore였다. BP는 Transocean이 정화 비용에 150억 달러를 책임져야 한다고 주장했다. 공식적으로, Trasnocean은 굴착장치를 소유하고 있고, BP는 폭발과 유출의 주된 요인이었던 대부분의 Macondo 정유 광구를 소유하고 있었다. 이 사건은 결국 굴착장치 계약서에 명시되어 있는 대로 판결되지만, BP보다는 Transocean에게 승산이 있어 보인다. 이제껏, 양측은 계속해서 공방 중에 있으며, 최종 합의까지는 몇 년이 더 걸릴 것 같다.

Resolving Conflicts

UNIT 14

In this unit you will learn how to resolve conflicts during a negotiation.
이 Unit에서는 협상 도중 분쟁을 해결하는 것에 대해 배우겠습니다.

[preview]

Mr. Q 아 진짜 너무 화가 나네(I'm losing my temper). 협상을 하자는 거야 말자는 거야.
Elly 왜그러는데?
Mr. Q 지난 번 배송 실수 작은 거 하나 있었던 것 가지고 또 다른 무리한 요구를 해오잖아.
Elly 그럼 먼저 그 배송 문제부터 해결해봐(resolve the delivery issue). 그리고 양측이 서로의 관점에서(from each other's perspective) 생각해 봐야 해. 우리가 볼 땐 작은 배송 실수지만 그쪽에서는 엄청난 손해일 수 있잖아. 그쪽도 그 동안 우리가 계속 양보해왔다는 사실을 알아줘야 하고.
Mr. Q 네 말이 맞다. 일단 평정을 찾고(regain composure) 곰곰이 생각해 봐야겠어.

Expressions

Go over some useful expressions by reading the following example sentences aloud.
다음 예문들을 소리 내어 읽으면서 협상에 쓰이는 유용한 표현들을 익혀보세요.

① resolve an issue

'문제를 해결하다'라는 뜻입니다. resolve a dispute(분쟁을 해결하다), resolve a conflict (갈등을 해결하다), resolve a crisis (위기를 해결하다) 등으로 자주 쓰입니다.

The shop assistant is trying to **resolve an issue** with a customer.
The USA has found a way to **resolve an issue** over its rice trade with South Korea.
상점 점원이 손님과의 **문제를 해결하려고** 하고 있습니다.
미국은 한국과 쌀 교역을 두고 **문제를 해결할** 방법을 찾았습니다.

② from each other's perspective

'서로의 관점에서'라는 뜻입니다.

The two companies tried to understand the issue **from each other's perspective**.
To help our managers and employees see things **from each other's perspective**, we've arranged a workshop.
두 회사는 **서로의 관점에서** 그 문제를 이해하려고 해보았다.
관리자와 직원들이 **서로의 관점에서** 사안을 볼 수 있도록 돕기 위해, 워크숍을 준비했습니다.

③ regain composure

'평정을 되찾다'라는 뜻입니다. recover composure도 비슷한 의미의 표현입니다. regain 대신 keep을 써서 keep composure라고 하면 '평정을 유지하다'라는 뜻이 됩니다. 반대로, '평정심을 잃다'는 lose composure라고 합니다.

Amy made the utmost effort to **regain her composure**.
My mother always says that it is very important to **regain composure** in a crisis.
Amy는 **평정을 되찾으려고** 극도의 노력을 했습니다.
어머니는 위기에 처했을 때 **평정을 되찾는 것이** 정말 중요하다고 항상 말씀하십니다.

④ calm down

'진정하다, ~을 진정시키다'라는 뜻입니다. 유의어로는 cool down, relax 등이 있습니다.

Please, **calm down** and listen to me.
Both of you need to **calm down** and step aside for a moment.
진정하고 제 말 좀 들어 보세요.
두 사람 다 **진정하고** 잠시 좀 물러나 있어요.

❺ settle at

'~의 가격에 합의를 보다'라는 뜻입니다. 동사 settle에는 '합의를 보다, (~로) 정하다'라는 뜻이 있습니다.

We dropped our price from $80 to $70 but you want to drop it further to $50. Can we **settle at** $70?
They lowered the price from $10.00 to $7.00, and now they want to **settle** the price **at** $8.00.
저희는 가격을 80달러에서 70달러로 낮췄어요. 그런데 당신은 50달러로 더 낮추길 원하네요. 70달러**에 합의 볼**까요?
그들이 가격을 10달러에서 7달러로 낮추더니 지금은 8달러**에 합의보길** 원하네요.

❻ see eye to eye

'견해가 일치하다'라는 뜻입니다. an eye for an eye는 '눈에는 눈'이라는 전혀 다른 뜻의 표현입니다.
Tom and Lucy don't **see eye to eye** about the new rule.
Interestingly, I have noticed that we hardly ever **see eye to eye**.
Tom과 Lucy는 새 규칙에 대해서 **의견의 일치를 보지** 못하고 있습니다..
흥미롭게도, 저는 우리가 **의견이 일치했던** 적이 거의 없었다는 것을 알게 되었습니다.

❼ lose one's temper

'화를 내다'라는 뜻입니다. 반대 의미의 표현은 control [curb/keep] one's temper로, '화를 참다'입니다.
Mr. Clark **lost his temper** and yelled at his assistant.
It is most effective when done without **losing your temper**.
미스터 Clark는 **화를 내며** 비서에게 소리쳤습니다.
당신이 **화내지** 않고 끝낼 때가 가장 효과적입니다.

❽ work out a solution

'해결책을 찾아내다'라는 뜻입니다. work out에는 '~을 하다, 해결하다, 생각해내다'라는 의미가 있습니다.
Mr. and Mrs. Lee are attempting to **work out a solution** for their financial problem.
We have to **work out** a more realistic **solution** as soon as possible.
Lee 부부는 그들의 재정 문제에 대한 **해결책을 찾아내려** 하고 있습니다.
우리는 가능한 빨리 좀 더 현실적인 **해결책을 찾아내야만** 합니다.

Vocabulary

Before starting the main study, go over the following key vocabulary words.
본 학습을 시작하기 전에 아래의 주요 어휘들을 익혀보세요.

① futile

'효과 없는, 쓸데없는'이라는 뜻의 형용사입니다. make a futile attempt(헛된 시도를 하다)와 같은 형태로 많이 쓰입니다. futility는 '쓸데없는 것'이라는 명사입니다. 유의어로는 fruitless, ineffective, useless 등이 있습니다.

Attempts to convince John and his older brother are **futile**.
The cancer treatment that my dad received was excellent but **futile**.
John과 그의 형을 설득시키고자 하는 것은 **쓸데없는** 짓입니다.
제 아버지가 받은 암 치료는 훌륭했지만 **효과가 없었습니다**.

② absurd

'불합리한, 터무니 없는'이라는 뜻의 형용사입니다. 유의어에는 ridiculous, unreasonable이 있습니다.

You're not making any compromises on your **absurd** price!
I would not accept such an **absurd** claim.
당신은 당신네 **터무니없는** 가격에 대해 조금도 양보를 하지 않는군요.
그런 **황당한** 주장은 받아들이지 않겠어요.

③ optimum

형용사로 '최고의, 최적의'라는 뜻이며, 명사로서 '최고의 것, 최적의 것'이라는 뜻도 포함하고 있습니다. 유의어로는 supreme, outstanding, ideal 등이 있습니다.

What are ways to get **optimum** results from the negotiation?
The experiment on the new product was conducted under **optimum** conditions.
협상에서 **최고의** 결과를 얻는 데는 무슨 방법이 있겠습니까?
신제품 실험은 **최적의** 조건에서 실행되었습니다.

④ consequence

'결과, 중요성'이라는 뜻의 명사입니다. have serious consequences(심각한 결과를 가져오다)라는 형태로 자주 쓰입니다. 유의어는 result, effect, outcome 등이 있습니다. consequently는 부사로 '그 결과로'의 뜻입니다.

This deal could have serious **consequences** for our company.
I am aware of the **consequences** my actions will have.
이 거래는 우리 회사에 심각한 **결과**를 초래할 수도 있습니다.
저는 저의 행동이 가져올 **결과**를 알고 있습니다.

⑤ finalize

'마무리 짓다'라는 의미의 동사입니다. 형용사형은 final(마지막의), 부사형은 finally(마침내)입니다.

James met the personnel manager to **finalize** the contract for next year.
I have not **finalized** next year's budget yet.

James는 내년 계약을 **마무리 짓기** 위해서 인사 부장을 만났습니다.
저는 아직 내년 예산안을 **마무리 짓지** 못했습니다.

⑥ arrogant

'거만한, 오만한'이라는 뜻의 형용사입니다. '~에게 거만한'이라고 할 때 전치사 towards를 써서 arrogant towards로 표현합니다. 명사형은 arrogance(거만)입니다.

I do hate an **arrogant** attitude.
His attitude towards his staff is not **arrogant**, but irresponsible.

나는 **거만한** 태도를 정말 싫어합니다.
부하직원들에 대한 그의 태도는 **거만하기보다** 무책임합니다.

⑦ object to

'~에 반대하다'라는 뜻입니다. 이때 to는 전치사이므로 뒤에 명사나 동명사가 옵니다. 명사형은 objection이며, '~에 이의가 있다'라고 말할 때 have an objection to [against]이라는 표현을 씁니다. 참고로, '이의가 없다'는 have no objection입니다.

I **object to** paying for services that should be free.
We **object to** your decision about the final price.

무료이어야 하는 서비스에 비용을 지불하는 것**에 반대합니다**.
최종 가격에 관한 당신의 결정**에 이의가 있습니다**.

⑧ executive director

'전무/상무 이사'라는 직책을 의미합니다. 참고로 executive는 '임원, 간부'라는 의미로 많이 쓰입니다. CEO는 Chief Executive Officer(최고경영자)의 줄임말이며, board of directors는 '이사회'를 말합니다.

This morning he got promoted to an **executive director** position at LG Electronics.
She is the **executive director** at UN Women.

오늘 아침 그는 LG전자에서 **이사**로 승진이 되었습니다.
그녀는 유엔여성기구의 **이사**입니다.

Dialogue 1   🎧 NEG1401.mp3

Listen to the dialogue and then read it aloud.
다음 내용을 듣고 소리내어 따라 읽어 보세요.

Mr. Q   We're supposed to **finalize** the deal today, but it seems we're not making any progress from the previous meeting.

Elly   I know. But who do you think is responsible for this? You're not making any compromises on your **absurd** price!

Mr. Q   **Calm down**. Instead of wasting our time on a **futile** argument, let's review some possible options together.

Elly   Fine. What's your suggestion?

Mr. Q   I think **settling at** $70 will be best for both of us. If you agree to that, I'll promise to finish production by this month.

Elly   I'm afraid we can't. Our maximum is $60.

Mr. Q   How about this? Let's meet halfway on the price. I'll give up $5, and you do the same.

Elly   Okay. Let's make it at $65. I'll accept your price this time.

[해석]

Mr. Q   우리는 오늘 이 거래를 **마무리하기로** 되어 있는데, 이전 미팅에서 아무런 진전이 없는 것 같습니다.

Elly   압니다. 하지만 여기에 누가 책임이 있다고 생각하나요? 당신들은 **터무니 없는** 가격에서 어떤 타협도 하지 않고 있습니다.

Mr. Q   **진정하세요**. **쓸모 없는** 논쟁으로 시간을 낭비하기보다는 함께 가능한 옵션들을 검토해봅시다.

Elly   좋습니다. 당신의 제안은 무엇인가요?

Mr. Q   가격을 70달러**로 정하면** 양쪽 모두에 최상일 것 같습니다. 그것에 동의한다면 이달까지 생산을 끝낼 것을 약속 드립니다.

Elly   미안하지만 그럴 수 없어요. 우리의 최고가는 60달러예요.

Mr. Q   이거는 어때요? 반반씩 양보하여 절충합시다. 저도 5달러 양보하고 당신도 그렇게 하세요.

Elly   좋아요. 65달러 하죠. 이번엔 당신의 요구를 들어주겠어요. 하지만 다음에는 당신의 차례입니다

Dialogue 2   NEG1402.mp3

First read the dialogue in Korean and then say it in English.
먼저 우리말 대화를 보고 영어로 말해 보세요.

Mr. Q   전 우리가 요구하는 가격이 아주 적당하다고 생각해요.

Elly   난 그렇게 생각하지 않아요. 당신도 그게 **어처구니가 없다는** 것을 알잖아요.

Mr. Q   잠시만요. **화가 나려고** 하네요. 다시 해 봅시다. 우린 이 **문제를 해결**할 수 있어요.

Elly   알았어요. **진정하고 평정을 되찾읍시다**. **해결책을 찾는** 것이 우리 모두의 이익이잖아요.

Mr. Q   그래요. 문제는 이겁니다. 저희가 이미 가격을 80달러에서 70달러로 내렸지만 당신은 50달러까지 더 내리고 싶은 거잖아요. 70달러**에 합의 볼까요**?

Elly   글쎄요. 하지만 우선, 60달러까지 내려달라고 요구하는 건 완전히 **부질없는** 일일까요?

Mr. Q   그 **결과**는 저희한테 손해가 될 겁니다. 중간 가격인 65달러는 어때요? 거기에서 **의견이 일치하죠**, 그렇죠?

Elly   네, 무슨 말인지 알겠어요. 그럼 65달러로 **마무리 짓지만**, 이번 달까지 생산을 마칠 거라고 약속해주셔야 해요.

Mr. Q   알겠습니다.

[스크립트]

Mr. Q   I think our asking price is more than fair.

Elly   I don't think so. You know it's **absurd**.

Mr. Q   Okay wait. I'm **losing my temper** here. Let's try again. We can **resolve this issue**.

Elly   Right. Let's **calm down** and try to **regain our composure**. It's in both our interests to **work out a solution**.

Mr. Q   Okay. Here's the problem. We already dropped our price from $80 to $70 but you want to drop it further to $50. Can we **settle at** $70?

Elly   Maybe. But first, would it be completely **futile** to ask to lower it to $60?

Mr. Q   The **consequences** of doing that would be damaging for us. How about $65, which is halfway? We do **see eye to eye** there, right?

Elly   Yes. I see your point. Let's **finalize** at $65 then, but you have to promise to finish production by this month.

Mr. Q   Agreed.

Mr. Q's Story   🎧 NEG1403.mp3

Listen to the situation and answer the questions below.
다음 내용을 듣고 아래의 질문에 답해 보세요.

1 What is Mr. Q's position?

ⓐ Head researcher
ⓑ Salesperson
ⓒ CEO
ⓓ Marketing manager

2 What does Mr. King want?

ⓐ Accessories
ⓑ Discount
ⓒ Fast delivery
ⓓ Long-term relationship

3 How can Mr. Q calm down Mr. King and strike a deal?

[스크립트]

   Mr. Q is the marketing manager of a touch panel manufacturer. He has recently been negotiating with Mr. King, the manufacturing director of a digital camera company. Every time they meet, the atmosphere of the meeting has gotten worse as Mr. King keeps acting so arrogantly. Mr. King emphasized that his company is one of the leading companies in the field and Mr. Q's company is just a small OEM manufacturer.
   Mr. Q tried his best to keep his composure and lead the negotiations smoothly, but Mr. King kept objecting to Mr. Q's suggestions on the price and shipment. On the day they were supposed to finalize the deal, Mr. King demanded an additional 20% discount off the price that was decided in the previous meeting. When Mr. Q said no, Mr. King lost his temper and said he would call it quits. Mr. Q was embarrassed. He needed to calm Mr. King down and suggest some solutions that would satisfy Mr. King and also leave some profit for his company.

[해석]

   미스터 Q는 터치 패널 제조사의 마케팅 매니저이다. 그는 최근에 디지털 카메라 회사의 제조부장인 미스터 King과 협상을 해왔다. 매번 그들을 만날 때마다 미스터 King이 너무 거만하게 굴어서 미팅 분위기가 악화되었다. 미스터 King은 자기 회사가 업계의 선도기업 중 하나이고, 미스터 Q의 회사는 단지 작은 OEM 제조사일 뿐이라는 걸 강조했다.
   미스터 Q는 평정심을 유지하고 협상을 원만하게 끌어가려고 최선을 다했지만 미스터 King은 계속 가격과 선적에 관한 미스터 Q의 제안에 반대했다. 계약을 마무리 짓기로 한 날 미스터 King은 이전 미팅에서 결정된 가격에서 추가로 20% 할인을 요구했다. 미스터 Q가 안 된다고 했을 때 미스터 King은 이성을 잃고 협상을 중단하겠다고 말했다. 미스터 Q는 당황스러웠다. 그는 미스터 King을 진정시키고 미스터 King을 만족시킬 만한 다른 해결책을 제안하고, 또한 자기 회사의 이익도 남겨야 한다.

[정답]   1. ⓓ   2. ⓑ

Exercise

Fill in the blanks with the proper words to complete each sentence.
빈칸에 적절한 어휘를 보기에서 골라 넣어서 문장을 완성하세요.

| 보기 | ⓐ finalize | ⓑ object to | ⓒ calm down |
| | ⓓ see eye to eye | ⓔ lose her temper | |

1 부디 **진정해요**. 흥분할 거 없어요.
   _____, for goodness' sake. It's nothing to get excited about.

2 미스터 Hall은 아직 내년도 예산을 **마무리 짓지** 못했어요.
   Mr. Hall has yet to _____ next year's budget.

3 그렇게 형편 없는 서비스에 대해 요금을 지불하는 것에 **반대합니다**.
   I _____ paying for such poor services.

4 그들은 **의견이 일치하지** 않고 사사건건 부딪칩니다.
   They don't _____ on things, and argue about everything.

5 Kelly는 격분하였지만 **이성을 잃지** 않으려고 노력했습니다.
   Kelly was very angry, but tried not to _____ .

| 보기 | ⓕ consequences | ⓖ absurd | ⓗ each other's perspective |
| | ⓘ work out | ⓙ optimum | |

6 신제품 실험은 **최적의** 조건에서 실행되었습니다.
   The experiment on the new product was conducted under _____ conditions.

7 이 거래는 우리 회사에 **심각한** 결과를 초래할 수도 있습니다.
   This deal could have serious _____ for our company.

8 우리는 가능한 빨리 좀 더 현실적인 **해결책을 찾아내야**만 합니다.
   We have to _____ a more realistic solution as soon as possible.

9 **서로의 관점**에서 사안을 이해하려고 노력해 보세요.
   Try to understand the issue from _____ .

10 아무도 그런 **황당한** 주장은 받아들이지 않을 겁니다.
    Nobody will accept such an _____ claim.

[정답] 1. ⓒ   2. ⓐ   3. ⓑ   4. ⓓ   5. ⓔ   6. ⓙ   7. ⓕ   8. ⓘ   9. ⓗ   10. ⓖ

Business Case

Read the article below, summarize it and give your opinion.
아래의 글을 읽어보고 내용을 요약 한 후 자신의 생각을 말해 보세요.

A Coffee Spill Turned Wrong

Liebeck vs. McDonald's is a case in which 80-year-old Stella Liebeck spilled a McDonald's coffee in her lap, causing third-degree burns on her legs, lap, and groin. After suffering severe injuries, Liebeck sued McDonald's. After she filed the lawsuit, many people criticized her without hearing the full story. After all, coffee is supposed to be hot and it was her fault the coffee was spilled in the first place.

In reality, McDonalds had had over 700 complaints filed concerning the scalding temperatures of its coffee, which is served between 180 and 190 Fahrenheit for "optimum flavor." To put that in perspective, coffee at most restaurants is served at around 140 degrees. Liebeck tried to solicit McDonald's for a mere $800 to cover the skin grafts required for her injuries, but McDonald's refused. Ultimately, the court awarded Liebeck $2.7 million. The case is a famous example of a "frivolous" lawsuit.

---

spill 쏟다 | third-degree burns 3도 화상 | groin 사타구니 | severe injury 중상 | criticize 비판하다 | scalding temperature 델 정도로 뜨거운 온도 | solicit 요청[간청]하다 | mere (~에) 불과한 | skin grafts 피부 이식 | frivolous 경솔한

해석

Liebeck 대 McDonald's 사건 판례에서 80세의 Stella Liebeck은 그녀의 무릎에 McDonald's 커피를 쏟았고, 무릎과 다리 및 사타구니 부위에 3도 화상을 입게 되었다. 심각한 부상으로 고통을 당한 후, Liebeck은 McDonald's를 고소했다. 그녀가 소송을 제기하고 나자, 많은 사람들이 전체 이야기를 다 듣지도 않고 그녀를 비판했다. 결국, 커피는 뜨거워야 하고 커피가 쏟아진 것은 우선 그녀의 잘못이었다는 것이다.

사실, McDonald's는 이상적인 맛을 위해 180도에서 190도 사이에서 제공이 되고 있는데, 델 정도로 뜨거운 커피 온도에 대한 항의 고소를 700건 이상 받아 오고 있었다. 이 상황을 고려해본다면, 대부분의 식당에서 커피는 140도 정도로 제공되고 있다. Liebeck은 그녀의 상처에 필요한 피부 이식을 하기 위해 McDonald's로부터 고작 800달러를 받으려고 했으나, McDonald's는 거절했다. 최종적으로, 법원은 Liebeck에게 270만 달러를 지급하도록 판결을 내렸다. 이 사건은 한 경솔한 소송의 유명한 예이다.

UNIT 15

Philips' Successful Brand Repositioning

As a international company, Philips always did its market and product research globally. The research was performed on both a qualitative and quantitative scale. On the qualitative scale, Philips surveyed relatively small focus groups, such as hospital surgeons who use its scanning equipment. Such qualitative research enabled Philips to obtain detailed information, like what types of products consumers want to be developed. On the quantitative scale, Philips conducted surveys on more general, bigger samples of consumers and performed statistical analysis of the results. By doing so, it achieved a better understanding of its current status in the market and identified new routes for improvement. The findings of its global research could be summed up as follows: The professionals using the Philips' equipment valued

Case Study III

In this unit you will read an article on a business case and study useful expressions and vocabulary.

이 Unit에서는 비즈니스 상황에 대한 기사를 읽고 유용한 표현 및 어휘를 공부해 보겠습니다.

the reliability of Philip's products and their constant development of new products. At the same time, however, the professionals didn't feel that Philips had as a clear sense of direction in product development as some of its competitors. Also, Philips' core target group, who are rich, well-educated decision makers aged 35 to 55, generally disliked complexities caused by technology. Using the information, Philips decided the goal of its brand repositioning. It was to promise consumers a solution for a more comfortable and more straightforward relationship with technology. The slogan for Philips' new brand positioning was 'sense and simplicity' based on the following principles:

• Products are designed around you.
• Products are easy to experience.
• Products are advanced.

With these in mind, Philips has been continuously developing new products that are simple to use. Also, to communicate its new position to customers, Philips is performing advertising campaigns that effectively convey the concept of simplicity. In the advertisements, Philips uses a different language from what other technology companies use – fresher, cleaner, more human. The advertisements are reaching a wide range of audiences globally and are helping to define Philips as a consumer focused organization that continuously provides easier, simpler solutions for everyday necessities.

[해석]

세계적인 기업으로서 Philips 사는 늘 전 세계적인 시장 및 제품 조사를 해 왔다. 조사는 질적 및 양적 범위 둘 다 시행되었다. 질적 범위에 있어서, Philips 사는 비교적 작은 포커스 그룹, 예를 들어 자사의 스캐닝 장비를 사용하는 병원 외과의들을 대상으로 조사를 시행하였다. 이러한 질적 조사는 Philips 사로 하여금 상세한 정보를 얻을 수 있도록 해 주었는데, 예를 들면 소비자들이 어떤 유형의 제품이 개발되기를 원하는 지와 같은 것이다. 양적 범위를 살펴보면, Philips 사는 보다 일반적이고, 규모가 큰 소비자 집단을 대상으로 조사를 실시하였고, 그 결과를 가지고 통계 분석을 시행했다. 그렇게 함으로써, 자사가 시장에서 현재 자리하고 있는 위치에 대해 더 잘 이해하게 되었고, 발전을 위한 새로운 방법을 알아낼 수 있었다. 국제적인 조사 결과는 다음과 같이 요약될 수 있다. Philips 사의 장비를 사용하는 전문가들은 Philips 사 제품에 대한 신뢰성과 지속적인 신제품 개발을 크게 평가했다. 하지만 동시에, Philips 사는 경쟁사들에 비해 제품 개발에 있어 분명한 방향성을 갖고 있는 것 같지 않다고 생각했다. 또한, Philips 사의 주요 타겟층인 부유하고, 교육 수준이 높은 35세-55세의 구매 결정권자들이 기술로 인한 복잡성을 대체로 싫어했다. 이러한 정보를 이용하여, Philips 사는 브랜드 리포지셔닝 목표를 정하였다. 그것은 소비자들에게 보다 편안하고 직관적으로 기술을 이용할 수 있는 솔루션을 약속하는 것이었다. Philips 사의 새 브랜드 포지셔닝의 구호는 다음과 같은 원칙에 기초한 '감각과 단순함'이었다.

• 제품은 여러분 주변에서 디자인됩니다.
• 제품은 이용하기 쉽습니다.
• 제품은 앞서갑니다.

이러한 사항들을 염두에 두고, Philips 사는 계속해서 사용하기 간편한 신제품들을 개발하고 있다. 또한, 자사의 새로운 포지션을 소비자들에게 알리기 위해 Philips 사는 단순함이라는 컨셉을 효과적으로 전달하는 광고 캠페인을 시행하고 있다. 광고에서 Philips 사는 다른 기술 회사들이 사용하는 것과는 다른, 보다 신선하고, 명료하고, 인간적인 언어를 사용한다. 광고들은 전 세계적으로 더욱 다양한 대중들에게 다가가고 있으며 Philips 사를 일상의 필수품들에 대해 더 쉽고 간단한 솔루션을 지속적으로 제공하는 소비자 중심의 기업으로 규정하는 데 도움을 주고 있다.

Expressions

Go over some useful expressions by reading the following example sentences aloud.
다음 예문들을 여러 번 소리 내어 읽으면서 유용한 표현들을 익혀보세요.

① conduct a survey

conduct는 '실행하다', survey는 '설문조사'라는 뜻이므로, 이 표현은 '설문조사를 실시하다'라는 의미입니다. 같은 뜻의 표현으로 carry out a survey가 있습니다.

Although we **conducted** multiple **surveys**, we are not sure whether customers will like our new design.

Many companies are **conducting surveys** to identify customer needs.

수차례 **설문조사를 했지만** 고객들이 우리의 새 디자인을 좋아할지 확실히 모르겠습니다.

많은 회사들이 고객이 필요로 하는 것을 알아내기 위해 **설문조사를 실시하고** 있습니다.

② identify new routes

identify는 '찾다, 알아내다', new routes는 '새로운 항로'라는 뜻으로, '새로운 방법을 찾다'라는 의미입니다.

A survey has been conducted to **identify new routes** for introducing additional services.

The sales director will **identify new routes** to market our products.

추가 서비스를 도입할 **새로운 방법을 찾아내기** 위해 설문조사가 실시되었습니다.

영업이사가 우리 제품을 마케팅할 **새로운 방법을 찾아낼** 것입니다.

③ have a clear sense of direction

'방향 감각이 좋다'라는 뜻으로, 기업이나 단체가 '명료한 방향성을 지니다, 확실하게 추구하는 바가 있다'라는 의미를 표현할 때도 쓰입니다.

The new company does not **have a clear sense of direction** regarding recent technology.

Jane does not **have a clear sense of direction** when she drives.

그 신생 회사는 신기술에 대해 **명료한 방향성을 갖고** 있지 않아요.

Jane은 운전할 때 **방향감각이 좋지** 않아요.

④ reach a wide range of

reach는 '~에게 다가가다', a wide range of는 '넓은 범위의 ~'이라는 뜻이므로, '넓은 범위의 ~에게 다가가다, 이르다'라는 뜻의 표현입니다.

Coca-Cola uses local production to **reach a wide range of** consumers.

We need to **reach a wide range of** people with this ad.

Coca-Cola 사는 **광범위한** 소비자들**에게 다가가기** 위해 현지 생산합니다.

우리는 이 광고를 가지고 **광범위한** 사람들**에게 다가가야** 합니다.

Vocabulary

Go over the following key vocabulary words.
아래의 주요 어휘들을 익혀보세요.

① qualitative

'질적인'이라는 뜻이며, 이와 대비되는 의미를 가진 단어 quantitative(양적인)도 알아두는 것이 좋습니다.

Microsoft needs to do a **qualitative** analysis of its new Windows product.
On a **qualitative** basis, the new machine is second to none.
Microsoft 사는 자사의 새로 나온 윈도우 제품에 대해 **질적** 분석을 해야 할 필요가 있습니다.
질적인 면에서 새 기기는 최고입니다.

② target group

'표적 집단'이라는 의미입니다. 주로 상품 판매나 광고의 표적이 되는 그룹을 말하지만, 시장 조사 등을 위해 각 층을 대표하도록 뽑은 소수의 사람들로 이뤄진 그룹을 가리킬 때도 있습니다. focus group과 바꾸어 쓸 수 있습니다.

The **target group** for this soap product is young women in their 20s.
Kids are a prime **target group** for marketing strategies.
이 비누 제품이 **겨냥하는 집단**은 20대 젊은 여성입니다.
아이들은 마케팅 전략에 있어 주요 **표적 집단**입니다.

③ brand repositioning

'브랜드 리포지셔닝'이란 소비자의 욕구 및 경쟁환경 변화에 따라 기존 브랜드가 가지고 있던 포지션을 분석하여 새롭게 조정하는 활동을 말합니다. 동사 어구로 표현할 때는 reposition the brand (브랜드 포지셔닝을 다시 하다)처럼 씁니다.

Brand repositioning helps your brand to occupy a more desirable place in the mind of your target consumers.
Nike was able to **reposition their brand** after years of research.
브랜드 리포지셔닝은 당신의 브랜드가 목표 소비자들의 마음 속에 더 바람직한 자리를 차지하도록 도와줍니다.
Nike 사는 수년 간의 조사를 끝낸 뒤 자사의 **브랜드를 리포지셔닝**할 수 있었습니다.

④ convey

'(의미나 메시지 등을) 전달하다, 전하다'라는 뜻의 동사입니다. 비슷한 의미의 동사에는 deliver, communicate가 있습니다.

The new CEO **conveyed** a message of communication and cooperation.
The provider assured us by **conveying** a strategic plan.
신임 CEO는 '소통과 협력'이라는 메시지를 **전달했습니다**.
공급업자는 전략적인 계획을 **설명함**으로써 우리를 안심시켰습니다.

Exercise

Fill in the blanks with the proper words to complete each sentence.
빈칸에 적절한 어휘를 보기에서 골라 넣어서 문장을 완성하세요.

보기	ⓐ brand repositioning	ⓑ have a clear sense of direction
	ⓒ conducting surveys	ⓓ qualitative

1 많은 회사들이 고객이 필요로 하는 것을 알아내기 위해 **설문조사를 실시하고** 있습니다.
   Many companies are _____ to identify customer needs.

2 **질적인** 면에서 우리의 신제품 세탁기는 최고입니다.
   On a _____ basis, our new washing machine is second to none.

3 **브랜드 리포지셔닝**은 당신의 브랜드가 목표 소비자들의 마음 속에 더 바람직한 자리를 차지하도록 도와줍니다.
   _____ helps your brand to occupy a more desirable place in the mind of your target consumers.

4 우리는 유럽에서 우리 제품을 마케팅할 방법에 대해 **명료한 방향성을 갖고** 있어요.
   We _____ regarding how to market our products in Europe.

보기	ⓔ target group	ⓕ reach a wide range of
	ⓖ identify new routes	ⓗ conveyed

5 영업이사가 시장 및 제휴 기회에 다가갈 수 있는 **새로운 방법을 찾아낼** 것입니다.
   The sales director will _____ to market and partnership opportunities.

6 그 영화는 인간 정신의 희망과 힘이라는 메시지를 **전달했습니다**.
   The film _____ a message of hope and the strength of the human spirit.

7 이 화장품이 **겨냥하는 집단**은 40대 여성입니다.
   The _____ for this cosmetic product are women in their 40s.

8 우리는 이 광고를 가지고 **광범위한** 사람들에게 **다가갈** 계획입니다.
   We plan to _____ people with this ad.

[정답] 1. ⓒ 2. ⓓ 3. ⓐ 4. ⓑ 5. ⓖ 6. ⓗ 7. ⓔ 8. ⓕ

Questions for Discussion

Read the following discussion questions and give your opinions.
아래의 토론 질문을 읽고 자신의 의견을 제시해 보세요.

1 While Phillips is a global company and can spend time and money on both qualitative and quantitative research, the reality is that other small scale companies don't have that much amount of time or money to spare on market research. If your company were in such a situation, which kind of research would you choose to spend your time and money on? What is your reason?

2 These days, more and more technology companies are opting to make their advertisements abstract and story-oriented rather than talking about technologies and specific information about their products. While such approach could accentuate the humanistic image of their brands, it could also make customers fail to have a clear understanding of the company's products. Can you think of such a case? What do you think the problems of the advertisement were?

3 In many cases, complexity is one of the main reasons consumers turn their backs on new technological gadgets. What were some of the gadgets that made you frustrated? What kind of complexities did they present?

[해석]
1. Philips 사는 세계적인 기업으로서 질적 양적 조사를 모두 실시할 시간과 자금을 갖고 있지만, 현실을 살펴 보면 다른 소규모 회사들은 그만큼의 시간과 자금을 시장조사에 쓸 수 없습니다. 당신의 회사가 그러한 상황이라면, 어떤 조사에 시간과 돈을 들이겠습니까? 이유는 무엇입니까?
2. 요즘, 점점 많은 기술 회사들이 광고를 제작할 때 자사 제품에 대한 기술과 구체적인 정보를 말하기 보다는 추상적이고 스토리가 있는 방식으로 만들고 있습니다. 그러한 접근법이 자사 브랜드의 인간적인 이미지를 고양시킬 수 있는 반면, 소비자들이 회사 제품에 대해 명료하게 이해하지 못할 가능성도 있습니다. 그러한 경우를 떠올려 볼까요? 그 광고의 문제점에는 어떠한 것들이 있었습니까?
3. 많은 경우에, 복잡성이 소비자들로 하여금 신기술 제품에 등을 돌리게 하는 주요 이유가 되고 있습니다. 여러분을 등돌리게 한 제품에는 어떠한 것들이 있었나요? 어떠한 유형의 복잡성이 있었습니까?

Finalizing a Deal

UNIT 16

In this unit you will learn how to finalize deals.
이 unit에서는 거래를 마무리하는 것에 대해 배우겠습니다.

[preview]

Mr. Q   이제 협상이 슬슬 마무리되어가는 시점이야. 서로 좋은 쪽으로 잘 되어가는 것 같아.

Elly   그동안 진짜 고생했다.

Mr. Q   마무리 시점에서 제일 중요한 게 뭐지?

Elly   아무래도 계약 조건을 확인하는(check the terms of the contract) 거겠지. 빠뜨린 것이 없도록 확실히 하고(make sure you don't miss anything).

Mr. Q   아 맞다. 배송비 관련 이슈를 해결할(settle the issue of shipping costs) 일이 남았는데.

Elly   그거 하나 남은 거야?

Mr. Q   응. 그 문제만 해결되면 이번 협상은 완전 끝이야.

Expressions

Go over some useful expressions by reading the following example sentences aloud.
다음 예문들을 소리 내어 읽으면서 협상에 쓰이는 유용한 표현들을 익혀보세요.

❶ Let's recap

'~을 요약 정리해보자'라는 뜻입니다. Let's summarize라고 바꾸어 말할 수도 있습니다.
Let's recap briefly what we've decided so far.
Let's recap the points from the last conference regarding sales marketing.
우리가 지금까지 결정한 사항들을 간단히 **정리해보겠습니다.**
판매전략과 관련된 지난 회의에서의 **요점을 정리해보겠습니다.**

❷ check the terms of the contract

'계약 조건을 확인하다'라는 표현입니다. 여기서 terms는 '조건, 조항'이라는 뜻입니다. 참고로, '계약 조건'이라고 말할 때 terms and conditions라는 표현이 많이 쓰입니다.
Please **check the terms of the contract** before you sign.
Mr. Jackson is in charge of **checking the terms of the contract.**
서명하기 전에 **계약 조건들을 확인해주세요.**
미스터 Jackson이 **계약 조건을 확인하는 것을** 담당하고 있습니다.

❸ miss anything

'어떤 것을 놓치다, 빠뜨리다'라는 뜻입니다. 주로 부정문이나 의문문에서 사용하며, 긍정문에서는 miss something(무엇인가를 빠뜨리다)을 씁니다.
Make sure you don't **miss anything** during your presentation.
Listen to the explanation carefully so that you don't **miss anything.**
발표 중에 **빠뜨리는 것이 없도록** 확실히 해주세요.
빠뜨리는 것이 없도록 설명을 잘 들으세요.

❹ agree to the following

'다음의 ~에 동의하다'라는 뜻입니다. 이때 전치사 to 대신에 on이나 with를 써서 agree on, agree with로 쓸 수도 있습니다.
You should **agree to the following** terms to install the program.
Do you **agree to the following** terms of the contract?
프로그램을 설치하기 위해서는 **다음 약관에 동의해야 합니다.**
계약의 **다음과 같은 약관에 동의하십니까?**

⑤ settle the issue of

'~의 문제를 해결하다'라는 뜻입니다. 이러한 의미와 관련해 함께 알아두면 좋을 표현으로 draw a conclusion(결론을 도출하다)가 있습니다.

After a series of meetings, the two parties **settled the issue of** costs.
The government is trying to **settle the issue of** sanctions against Iraq.
수차례의 회의 끝에, 양 측은 비용 **문제를 해결하였습니다**.
정부는 이라크에 대한 제재 **문제를 해결하기** 위해 노력 중입니다.

⑥ bring a resolution

resolution은 '(문제, 불화 등의) 해결'이라는 의미이므로, bring a resolution은 '해결책을 가져오다, 해결하다'라는 뜻입니다. 뒤에 전치사 to가 와서 '~에 대한 해결책을 가져오다'라는 의미로 쓰입니다.

The city council is working hard to **bring a resolution** to the ongoing dispute.
Mediation will not always **bring a resolution** to a dispute.
시의회는 새 공원을 건설하는 것에 대한 계속 진행 중인 분쟁을 **해결하기** 위해 열심히 노력하고 있습니다.
중재가 늘 분쟁에 **해결책을 가져오는** 건 아닙니다.

⑦ stick to the plan

'계획을 고수하다, 계획을 바꾸지 않고 그대로 하다'라는 의미로서, stick to 대신에 adhere to, cling to 등을 쓸 수 있습니다.

The most important thing is to **stick to the plan**.
Sales will decrease if you **stick to the plan** for a price increase.
가장 중요한 것은 **계획을 바꾸지 않고 그대로 하는** 것입니다.
가격 인상 **계획을 고수한다면** 판매가 감소할 것입니다.

⑧ need to go over

'~을 검토할 필요가 있다'라는 뜻입니다. go over와 비슷한 의미의 동사에는 look over, review, examine 등이 있습니다.

You **need to go over** these budgets with me.
Do we **need to go over** the details of the sales report?
당신은 저와 함께 이 예산안을 **검토해 볼 필요가 있습니다**.
우리가 매출 보고서의 세부사항을 **검토할 필요가 있습니까**?

Vocabulary

Before starting the main study, go over the following key vocabulary words.
본 학습을 시작하기 전에 아래의 주요 어휘들을 익혀보세요.

❶ faulty

'흠이 있는, 결함이 있는'이라는 뜻의 형용사이며, 동의어로는 defective, damaged, flawed가 있습니다. 주로 '제품, 물건' 등을 의미하는 명사 앞에 쓰입니다.

You can ask for a refund if you received **faulty** goods.
The company has recalled all the **faulty** items.
결함이 있는 상품을 받았다면 환불을 요청할 수 있습니다.
회사는 **결함 있는** 제품들을 모두 회수했습니다.

❷ verify

'(어떤 것이 진실인지, 정확한지) 검증하다, 확인하다'라는 뜻의 동사입니다. check, confirm 등과 바꾸어 쓸 수 있습니다.

We need to **verify** if all these figures are correct.
Have you **verified** the details before sending the email?
이 수치들이 맞는지 **확인해봐야** 합니다.
이메일 보내기 전에 세부내용을 **확인해봤나요?**

❸ obligation

'의무, 책임'이라는 뜻의 명사이며, duty, responsibility, liability와 같은 뜻을 가진 단어들입니다.
have an obligation + to do(~할 의무가 있다), have no obligation + to do(~할 의무가 없다)의 형태로 많이 쓰입니다.

Tenants have an **obligation** to pay for the damage done to their apartment.
Due to other **obligations**, I can't be there until 4:00 p.m.
세입자들은 아파트의 손상에 대해 돈을 지불할 **의무**가 있습니다.
다른 **일들** 때문에, 저는 거기에 4시까진 갈 수가 없습니다.

❹ waive

'(권리 등을) 포기하다, 철회하다, (요금 등을) 면제해주다'라는 뜻의 동사입니다.

If you make a bulk order, shipping costs will be **waived**.
The company asked the local government to **waive** the penalty on illegal wastes.
대량 주문을 하시면, 배송비가 **면제될 것입니다**.
그 회사는 지방 정부에 불법 쓰레기에 대한 벌금을 **철회해주기를** 요청했습니다.

⑤ ruin

'~을 망치다, 엉망으로 만들다'라는 뜻의 동사로, destroy와 바꾸어 쓸 수 있습니다.
Showing agression to your opponent may **ruin** the negotiation.
A small mistake **ruined** the chance to win a new contract.
상대방에게 공격적인 태도를 보이면 협상을 **망칠** 수도 있습니다.
작은 실수 하나가 새 계약을 체결할 기회를 **망쳐버렸습니다**.

⑥ workmanship

'솜씨, 기술, 기량'이라는 뜻입니다. 비슷한 의미의 단어로 '손재주, 훌륭한 솜씨'를 의미하는 craftsmanship이 있습니다.
Our company's products are produced using delicate **workmanship**.
If you find any defects in the **workmanship** of our products, please feel free to contact us.
저희 회사의 제품들은 섬세한 **솜씨**로 생산됩니다.
저희 제품의 **기술**에 결함을 발견하시면, 주저 말고 저희에게 연락 주세요.

⑦ quality control

'품질 관리'라는 뜻의 복합명사로, quality management와 바꾸어 쓸 수 있습니다.
David is in charge of **quality control**.
We need to improve our **quality control** to strengthen our brand image.
David가 **품질 관리**를 담당하고 있어요.
우리는 브랜드 이미지를 강화하기 위해 **품질 관리**를 향상시켜야 합니다.

⑧ conform to

'~을 따르다, ~에 맞추다'는 뜻의 동사 표현입니다. follow, observe, comply with도 같은 뜻입니다.
All of our products **conform to** strict quality standards.
Your proposal failed to **conform to** the required format.
저희의 모든 제품들은 엄격한 품질 기준을 **따르고** 있어요.
당신의 제안서는 요구된 형식을 **따르지** 않았어요.

Dialogue 1   NEG1601.mp3

Listen to the dialogue and then read it aloud.
대화를 듣고 소리내어 따라 읽어 보세요.

Mr. Q   Before we finalize the deal, **let's recap** what we've agreed upon. First, please check if the following is correct. We're going to supply you with 300 of our K-15 headphones, to be delivered to you on the 5th of April. The total price will be $12,000.

Elly   Yes, that's correct.

Mr. Q   Okay. Now, let me **verify** the payment date, too. You've agreed to pay us within 14 business days after the delivery. Is that correct?

Elly   That's correct. Oh, there is one final point we need to agree on: the shipping charge.

Mr. Q   Oh, right. As I said before, we ordinarily charge shipping fees for orders not exceeding 500. But as you've agreed to the price we suggested, we will ship the products for free.

Elly   Great. Thank you so much. What about **faulty** items?

Mr. Q   If there are any **faulty** items, we'll exchange it immediately. And we'll cover the shipping fees for both the exchange and the return.

[해석]

Mr. Q   계약을 마무리 짓기 전에 합의된 내용을 정리해봅시다. 먼저, 다음 내용이 맞는지 확인해주세요. 우리는 귀사에 K-15 헤드폰 300개를 4월 5일까지 배달할 예정입니다. 전체 금액은 12,000달러입니다.

Elly   네, 맞습니다.

Mr. Q   좋습니다. 이제 지불 날짜도 확인합시다. 배달 후 영업일로 14일 이내에 지불하기로 합의했습니다. 맞습니까?

Elly   맞습니다. 아, 마지막으로 우리가 합의해야 할 게 하나 있는데, 운송료입니다.

Mr. Q   아, 맞아요. 전에 제가 말했듯, 우리는 원래 500개가 넘지 않는 주문에 운송료를 부과합니다. 하지만 우리가 제안한 가격에 동의해주셨으니 무료로 제품을 운송하겠습니다.

Elly   좋아요. 대단히 감사합니다. 불량품은요?

Mr. Q   불량품이 있으면 즉시 교환해드리겠습니다. 그리고 교환과 반품에 대한 운송료 모두 저희가 처리하겠습니다.

Dialogue 2 NEG1602.mp3

First read the dialogue in Korean and then say it in English.
먼저 우리말 대화를 보고 영어로 말해 보세요.

Elly	좋아요. 그럼 거래를 마무리 짓기 전에, 다시 한 번 **요약을 해보겠습니다**.
Mr. Q	그래요. 저희는 K-15 헤드폰 300개를 총 1만 2천 달러에 배송하기로 동의했습니다. 배송비는 무료이고 대금 지불은 14일 이내입니다.
Elly	좋습니다. 이제, **품질 관리**에 대해서 **검토해 보아야겠네요**.
Mr. Q	좋아요. 아시다시피, 우리의 모든 제품들은 엄격한 품질규격을 **따르고 있습니다**.
Elly	그렇게 들었어요. 하지만, **결함이 있는** 제품이 있다면 우리는 14일 이내에 지불할 **의무**가 없는 거죠.
Mr. Q	맞습니다. 그리고 영업일 5일 이내에 **결함이 있는** 제품을 교환해드릴 것입니다.
Elly	항상 **세공**에 특별한 주의를 기울여 주시길 부탁드립니다.
Mr. Q	그야 말할 필요도 없죠. 혹시 **빠뜨리신 것 있나요**?
Elly	없는 것 같아요. 당신과 함께 일하길 기대하고 있습니다.

[스크립트]

Elly	Okay. So before we finalize the deal, **let's recap** one more time.
Mr. Q	Right. We've agreed to ship 300 of our K-15 headphones with a total price tag of $12,000. Shipping is free of charge with payment to be done within 14 days.
Elly	That's great. Now, we still **need to go over** the issue of **quality control**.
Mr. Q	Right. As you know, all of our products **conform to** strict quality standards.
Elly	So I've heard. However, should there be **faulty** goods, we will be under no **obligation** to pay within 14 days.
Mr. Q	That's correct. And we will replace **defective** products within five business days.
Elly	We ask that you pay close attention to **workmanship** at all times.
Mr. Q	That goes without saying. Did we **miss anything**?
Elly	I don't think so. We're looking forward to doing business with you.

Mr. Q's Story 🎧 NEG1603.mp3

Listen to the situation and answer the questions below.
다음 내용을 듣고 아래의 질문에 답해 보세요.

1 Who is Mr. Watson?

ⓐ Doctor
ⓑ Buyer
ⓒ Engineer
ⓓ Seller

2 What does Mr. Watson ask for?

ⓐ A contract
ⓑ A discount
ⓒ Product samples
ⓓ Free shipping

3 What should Mr. Q do about Mr. Watson's demand?

___

[스크립트]
　　Mr. Q is the head of the sales department of a disposable goods manufacturer. He has been negotiating with Mr. Watson, the purchasing manager of a foreign medical equipment manufacturer. This is the day that they're finally going to finalize a deal on Mr. Q's company's medical gloves and masks. Mr. Q and Mr. Watson are double checking the terms of the contract. Mr. Q finds out that the shipping date is different from what they've previously agreed. Mr. Watson finds out that the total price is wrong, and corrects it with Mr. Q.
　　When they're about to finalize the deal, Mr. Watson remembers they haven't talked about the shipping fee. He asks Mr. Q to make it free. Mr. Q is reluctant to do so. Since Mr. Q has compromised a lot on the price, he thinks waiving the shipping fee is too much for his company to accept. But he is also worried that a small issue like that could ruin the contract.

[해석]
　　미스터 Q는 일회용 제품 제조사의 영업부서장이다. 그는 외국 의료장비 제조사의 구매부장인 미스터 Watson과 협상을 하고 있다. 오늘은 마침내 미스터 Q 회사의 의료 장갑과 마스크에 관한 계약을 마무리 지을 날이다. 미스터 Q와 미스터 Watson은 계약 조건을 다시 확인하고 있다. 미스터 Q는 선적일이 그들이 이전에 합의했던 것과 다르다는 걸 발견한다. 미스터 Watson은 총 금액이 잘못되었다는 것을 발견하고 미스터 Q와 함께 바로잡는다.
　　그들이 계약을 마무리 지으려고 할 때 미스터 Watson이 선적비용에 대해 얘기하지 않았다는 것을 기억해 냈다. 그는 미스터 Q에게 무료로 해줄 것을 요청한다. 미스터 Q는 그러기를 꺼린다. 미스터 Q는 가격에서 많이 양보를 했기 때문에 선적을 무료로 해주는 건 자기 회사가 수용하기에 너무 지나치다고 생각한다. 하지만 그는 또한 그런 작은 문제로 계약을 망칠까봐 걱정한다.

[정답]　1. ⓑ　2. ⓓ

Exercise

Fill in the blanks with the proper words to complete each sentence.
빈칸에 적절한 어휘를 보기에서 골라 넣어서 문장을 완성하세요.

| 보기 | ⓐ miss anything | ⓑ recap | ⓒ conform to |
| | ⓓ verify | ⓔ check the terms | |

1. 우리는 환경법안을 **준수해야** 합니다.
   We must _____ the environmental law.

2. 서명하기 전에 계약 **조건을 확인**하세요.
   Please _____ of the contract before you sign.

3. 우리는 이 통계자료가 모두 맞는지 **확인해야** 합니다.
   We need to _____ if all these statistics are correct.

4. **아무것도 놓치지** 않도록 설명을 잘 들으세요.
   Listen to the explanation carefully so that you don't _____.

5. 지난 회의에서 나온 요점들을 **정리해 봅시다.**
   Let's _____ the points from the last meeting.

| 보기 | ⓕ faulty | ⓖ waived | ⓗ obligation |
| | ⓘ workmanship | ⓙ settle | |

6. 그 사고는 연결의 **결함**으로 발생했습니다.
   The accident happened due to a _____ connection.

7. 이 전자레인지는 **기술** 불량이 있을 시 1년간 품질 보증이 됩니다.
   This microwave has a one year warranty against faulty _____.

8. 대량 주문을 하시면, 배송료는 **면제될** 것입니다.
   If you make a volume order, shipping fees will be _____.

9. 당신이 이용하는 서비스에 대해 대금을 지불할 **의무**가 있습니다.
   You have a(n) _____ to pay for the services you use.

10. James가 언제 건설 비용 문제를 **해결할** 수 있을 거라 생각합니까?
    When do you think James can _____ the issue of construction costs?

[정답] 1. ⓒ 2. ⓔ 3. ⓓ 4. ⓐ 5. ⓑ 6. ⓕ 7. ⓘ 8. ⓖ 9. ⓗ 10. ⓙ

Business Case

Read the article below, summarize it and give your opinion.
아래의 글을 읽어보고 내용을 요약 한 후 자신의 생각을 말해 보세요.

Google's Smart Investment

Google is known for making a number of daring acquisitions and investments. One of them is their acquisition of DoubleClick for $3.1 billion in 2008 which is a huge price for a company worth slightly more than $1 billion a couple of years before that. DoubleClick was founded in 1996 by Kevin O'Connor and Dwight Merriman and first focused on Internet banner ads. It eventually became a major provider of Internet ad serving services, capabilities that Google craved at the time of its purchase.

The company's specialty is placing advertisements on websites, known in the trade as "serving." Google, by buying DoubleClick, also kept it out of the hands of Microsoft. The combo makes Google a more potent player in Web advertising against rivals Microsoft and Yahoo. As of now, DoubleClick as a subsidiary of Google, primarily serves agencies, marketers and publishers.

| daring 대담한 | acquisition 인수 | worth ~의 가치가 있는 | eventually 결국 | crave 갈망하다 | specialty 전문 분야 | potent 강력한 | as of now 현재로서는 | subsidiary 자회사

해석

Google은 대담한 인수와 투자를 많이 하는 것으로 알려져 있다. 그 중 하나가 2008년에 있었던 31억원 상당의 DoubleClick 인수인데, 이 일이 있기 몇 년 전에 단지 10억원이 약간 넘는 가치를 가졌던 회사에게는 막대한 금액이다. DoubleClick은 1996년에 Kevin O'Connor과 Dwight Merriman에 의해 설립되었고, 처음엔 인터넷 배너 광고에 집중했다. 그 회사는 결국 인터넷 광고 서비스의 주된 공급자가 되었고, 그 기능을 Google이 구매할 당시 간절히 원하던 것이었다.

그 회사의 전문분야는 웹사이트에 광고를 게시하는 일인데, 이 일은 업계에서 'serving'이라고 알려져 있다. Google은 DoubleClick을 인수하면서 그 회사를 Microsoft로부터 떼어 놓았다. 이 둘의 결합은 경쟁사인 Microsoft와 Yahoo에 대항하여 Google을 웹 광고 분야에서 더 강력한 회사로 만들고 있다. 현재, DoubleClick은 Google의 자회사이며, 주로 대행업체, 마케팅 회사, 그리고 출판사들에 서비스를 제공하고 있다.

Reporting on a Negotiation

UNIT 17

In this unit you will learn how to report on a negotiation.
이 unit에서는 협상에 대해 보고하는 것에 대해 배우겠습니다.

[preview]

Elly	어딜 그렇게 바삐 가?
Mr. Q	이사님 방에. 협상 결과 보고하러(report on the negotiation).
Elly	얘기는 잘 되어가는 거야?
Mr. Q	응, 그런대로. 그런데 아직 최소 주문량 문제를 처리해야(address the minimum order issue) 해. 최소 주문량을 낮춰주는 것 외엔 다른 대안이 없네(find no other alternatives). 무엇보다도(among other things) 이 계약을 성사시키는 게 급선무거든.
Elly	그렇구나.
Mr. Q	최대한 상대 측 요구를 맞춰주고 장기 계약(long-term deal)을 맺는 것이 이번 협상의 목표야.
Elly	그런 대형 업체와 장기 계약을 맺는 건 앞으로 우리 사업에 정말 중요할(invaluable) 거야.

Expressions

Go over some useful expressions by reading the following example sentences aloud.
다음 예문들을 소리 내어 읽으면서 협상에 쓰이는 유용한 표현들을 익혀보세요.

❶ to sum up

'요컨대, 요약해서 말하면'이라는 뜻으로 to conclude, in summary, in short 등과 바꾸어 쓸 수 있습니다.

To sum up, our company had a high profit margin during the first quarter of the year.
In summary, it would be more cost-effective to ship the cargo by train.
요약하자면, 우리 회사는 올해 첫 분기에 큰 수익을 냈습니다.
요약하면, 화물을 기차로 보내는 것이 보다 비용 효과적일 것입니다.

❷ address the issue

'사안을 다루다'라는 뜻의 표현입니다. 동사 address에는 여러 가지 뜻이 있는데, 여기서는 '(어려운 문제 등을) 다루다, 처리하다'라는 뜻으로 쓰였습니다.

Nothing has been done yet to **address the** security **issue**.
To **address** some legal **issues**, a meeting will be held tomorrow.
보안 **문제를 처리하기** 위해 아무것도 행해진 것이 없습니다.
몇 가지 법률 **문제를 처리하기** 위해 내일 회의가 열릴 것입니다.

❸ find no other alternative

'다른 대안이 없다'라는 표현으로, have no other choice와 같은 말입니다.

We **find no other alternative** but to stick to the plan.
The store **found no other alternative** but to offer a full refund.
계획을 고수하는 것 외에는 **다른 대안이 없습니다**.
그 매장은 전액을 환불해주는 것 외에는 **다른 대안이 없었습니다**.

❹ among other things

'다른 것들 중에서, 무엇보다도'라는 뜻의 표현입니다. 선택 사항이 3개 이상 있을 때 among이라는 전치사를 사용합니다.

Among other things, the purpose of the agreement is to settle the issue of trade dispute.
Among other things, maintaining good product quality is important.
무엇보다도, 그 협정의 목적은 무역분쟁을 해결하는 것입니다.
무엇보다도, 좋은 제품 품질을 유지하는 것이 중요합니다.

⑤ keep an eye on

'~을 계속 지켜보다, 주시하다'라는 뜻의 동사구이며, 전치사 on 뒤에 지켜볼 대상이 옵니다.

Make sure to **keep an eye on** the entire manufacturing process.
We had a CCTV camera to **keep an eye on** the factory.
반드시 전체 제작 과정**을 계속 지켜보도록** 하세요.
공장**을 계속 지켜보기** 위해서 CCTV 카메라를 설치했습니다.

⑥ watch the outcome of

'~의 결과를 주시하다'라는 의미이며, keep an eye on이나 동사 monitor로도 같은 의미를 나타낼 수 있습니다.

We should **watch the outcome of** the customer reviews.
It will be interesting to **watch the outcome of** the Time Warner-AOL merger.
우리는 고객 평가 **결과를 주시해야** 합니다.
Time Warner사와 AOL의 합병 **결과를 주시하는** 것은 흥미로울 것입니다.

⑦ follow up on

'~을 끝까지 하다, ~에 대한 후속조치를 취하다'라는 뜻입니다. 참고로 follow-up은 '후속조치'라는 뜻의 명사로도 사용합니다.

To **follow up on** the discussion we had on Wednesday, I brought a list of suppliers.
I'd like to **follow up on** the job application I submitted through your company's website.
우리가 수요일에 나눴던 얘기**에 대한 후속 조치를 취하기** 위해, 제가 공급업자 명단을 가져왔습니다.
귀사의 웹사이트를 통해 제출했던 취업 지원서가 **어떻게 되었는지 알아보고** 싶습니다.

⑧ last but not least

'마지막으로 그렇지만 앞에 언급한 내용과 마찬가지로 중요한'이라는 의미입니다.

Last but not least, I would like to emphasize the quality improvement.
Last but not least, it is time to address the issue of what steps must be taken if we are to achieve our sales goal.
마지막이지만 중요한 것으로, 품질개선을 강조하고 싶습니다.
마지막이지만 중요한 것으로, 우리가 영업 목표를 달성하려면 어떤 조치를 취해야 하는지에 대한 문제를 다룰 시간입니다.

Vocabulary

Before starting the main study, go over the following key vocabulary words.
본 학습을 시작하기 전에 아래의 주요 어휘들을 익혀보세요.

❶ proceed

'나아가다, 계속되다'라는 의미의 동사로 carry on, continue와 비슷한 의미입니다.
The renovation is **proceeding** steadily and it should be completed by September.
If you don't have any questions, let's **proceed** to the next issue.
수리는 착착 **진행 중**이며 9월까지 마무리 될 예정입니다.
질문이 없으시면, 다음 건으로 **넘어가겠습니다**.

❷ cutting-edge

'최첨단의'이라는 뜻의 형용사로서, state-of-the-art, high-tech 등과 바꾸어 쓸 수 있습니다.
The company has **cutting-edge** technology.
We produce high quality goods in **cutting-edge** facilities.
그 회사는 **최첨단** 기술을 가지고 있습니다.
우리는 **최첨단** 시설에서 질 좋은 상품들을 생산합니다.

❸ break-even point

'손익분기점'이라는 뜻입니다. break-even은 형용사로서 '수입액이 지출액과 맞먹는, 이익도 손해도 없는'이라는 뜻이며, break even은 동사로서 '손익이 없다, 본전치기 하다'라는 뜻입니다.
The **break-even point** is a point where total expenses and total revenue are equal.
It might take a long time for the company to reach a **break-even point**.
손익분기점이란 총 비용과 총 수입이 같은 지점을 말합니다.
회사가 **손익분기점**에 이르기까지 시간이 오래 걸릴 수 있습니다.

❹ transaction

'거래, 매매'의 뜻으로 deal과 같은 의미입니다.
Such **transaction** goes against business ethics.
Please select a **transaction**.
그런 **거래는** 상도에 어긋납니다.
거래 내용을 선택하십시오.

⑤ invaluable

valuable의 반의어라고 생각하기 쉬운데, 사실은 '매우 중요한'이라는 뜻의 형용사로, 동의어에는 precious, priceless 등이, 반의어에는 worthless, insignificant 등이 있습니다.

Mr. Martin is an **invaluable** member of our sales team.

Your experience with overseas marketing will be **invaluable** to us, since we plan to expand our business to Europe.

미스터 Martin은 우리 영업팀에 **매우 중요한** 일원입니다.

유럽으로 사업을 확장할 계획이기 때문에 당신의 해외 마케팅 경험은 우리에게 **매우 소중할** 것입니다.

⑥ constantly

'계속해서, 끊임없이'라는 뜻의 부사이며 continuously, consistently, continually도 같은 뜻입니다.

The economic situation is **constantly** changing.

Please visit our website where our prices are **constantly** updated.

경제상황은 **계속해서** 변화하고 있습니다.

가격이 **계속해서** 업데이트되는 저희 웹사이트를 방문해 주세요.

⑦ stress

'강조하다'라는 뜻의 동사로서, emphasize, highlight가 동의어입니다.

Mr. Fisher's presentation **stressed** the importance of social service.

The CEO **stressed** the need for a stronger strategy.

미스터 Fisher의 발표는 사회 복지 사업의 중요성을 **강조했습니다**.

최고경영자는 더욱 강력한 전략의 필요성을 **강조하였습니다**.

⑧ long-term deal

'장기 거래'란 뜻이며, 반대 의미의 표현은 short-term deal입니다.

Russia has signed a **long-term deal** to supply natural gas to China.

The soccer team has signed Mark Lopez to a **long-term deal**, extending him through the 2020 season.

러시아는 천연가스를 중국에 공급하기로 한 **장기 거래 계약**에 서명했습니다.

그 축구팀은 Mark Lopez와 **장기 계약**을 맺고 그와의 계약기간을 2020 시즌까지로 연장했습니다.

Dialogue 1 🎧 NEG1701.mp3

Listen to the dialogue and then read it aloud.
대화를 듣고 소리내어 따라 읽어 보세요.

Mr. Q   Let me **sum up** the main points of the negotiation with DH Co. They'll order 500 units of our 40" LCD panels. The unit price was originally set at $200, but was lowered to $180 as the negotiation **proceeded**. So the total price will be $90,000.

Boss   Hmm. So there was a 10% discount from the original price. Isn't that too much?

Mr. Q   Well, they said they would order only 300 units if we insisted on $200. So we could **find no other alternative** but to offer more of a discount.

Boss   Okay. You've done a great job.

Mr. Q   **Among other things**, DH Co. was interested in our **cutting-edge** technology. They especially liked the curved edge of our panels.

Boss   I guessed that. **Last but not least**, you should **constantly follow up** by phone and email. That's the best way for solidifying our relationship with them.

[해석]

Mr. Q   DH 사와의 협상 주요 포인트를 **요약해드리겠습니다**. 그들은 우리 40인치 LCD판 500개를 주문할 것입니다. 개당 가격은 원래 200달러로 정해졌지만, 협상이 **진행되면서** 180달러로 낮춰졌습니다. 그래서 총액은 9만 달러입니다.

Boss   음. 원래 가격에서 10% 할인이 되었는데, 너무 많지 않나요?

Mr. Q   그런데, 그들은 우리가 200달러를 고수하면 300대만 주문하겠다고 했습니다. 그래서 더 많은 할인을 제안할 **수밖에 없었습니다**.

Boss   좋습니다. 잘 했습니다.

Mr. Q   **무엇보다도** DH 사는 우리의 **최첨단** 기술에 관심을 보였습니다. 특히 우리 패널의 곡선 모서리를 좋아했습니다.

Boss   그랬을 거예요. **마지막으로 중요한 일인데**, 전화와 이메일로 **지속적으로 후속조치를 취해야** 해요. 그렇게 하는 것이 그쪽과 우리의 관계를 공고히 하는 가장 좋은 방법이죠.

Dialogue 2 NEG1702.mp3

First read the dialogue in Korean and then say it in English.
먼저 우리말 대화를 보고 영어로 말해 보세요.

Mr. Q	DH Co와의 계약을 성사했다는 보고를 드리게 되어 기쁩니다.
Boss	좋아요. 조건이 무엇이었나요?
Mr. Q	**요약하자면**, 우리의 LCD판 500개를 180달러에, 총 9만 달러로 구매하기로 동의했습니다.
Boss	180 달러요? 가격이 좀 낮지 않나요?
Mr. Q	우리가 200달러를 주장했다면, 그들은 300개만을 구매할 거라고 했습니다.
Boss	좋아요. 어쨌든, 그들은 우리 고객 포트폴리오에 **귀중한** 고객이 될 거예요. 이제 그들의 요구를 처리해주고 **장기계약**을 맺는 것에 집중합시다.
Mr. Q	알겠습니다. 업무를 **계속 지켜보면서** 진행이 순조롭게 될 수 있도록 하겠습니다.
Boss	좋아요. 현재 가장 중요한 것은 **후속조치**를 잘 하는 것입니다. 그들의 의견을 묻고, 그들이 진행사항 중 모든 과정에도 만족을 얻을 수 있도록 하세요.

[스크립트]

Mr. Q	I'm glad to report that we made a deal with DH Co.
Boss	Great. What were the terms?
Mr. Q	**To sum up** matters, they've agreed to buy 500 of our LCD panels at a price of $180 for a total of $90,000.
Boss	$180? Isn't that a bit low?
Mr. Q	If we had insisted on $200 they said they would only buy 300 units.
Boss	OK. In any case, they'll be an **invaluable** addition to our client portfolio. Now, let's just focus on taking care of their needs and signing a **long-term deal**.
Mr. Q	Okay. I'll **keep an eye on** things and make sure the process goes smoothly.
Boss	Right. The most important thing right now is good **follow-up**. Ask for their feedback and make sure they are satisfied with our progress every step of the way.

Mr. Q's Story 🎧 NEG1703.mp3

Listen to the situation and answer the questions below.
다음 내용을 듣고 아래의 질문에 답해 보세요.

1 What product is Mr. Q marketing?

  ⓐ Earphones
  ⓑ Headset
  ⓒ Cell phone
  ⓓ MP3 player

2 What does his boss want Mr. Q to do?

  ⓐ Follow up on quality control
  ⓑ Lower the price
  ⓒ Waive shipping costs
  ⓓ Restructure the deal

3 What do you think Mr. Q should do in his situation?

___

[스크립트]

   Mr. Q is the marketing manager of a Bluetooth device manufacturer. He has successfully finalized a deal with an electronics retail chain on his company's newly launched Bluetooth headset. What contributed to the deal most was the superb noise-reduction technology.
   Mr. Q is now reporting his achievement to his boss, Mr. King. As Mr. Q talks about the electronics retail chain's satisfaction with the noise-reduction technology, Mr. King seems very proud. He asks Mr. Q to take great care of quality control. He also asks Mr. Q to do a constant follow-up on the deal to build a long-term relationship with the retail chain. After Mr. Q returns to his desk, he finds out that he omitted one thing in his report to Mr. King. He forgot to include the shipping charge in the overall price. Mr. Q is reluctant to report to his mistake, but is also worried it may cause a problem later.

[해석]
   미스터 Q는 블루투스 기기 제조사의 마케팅 매니저이다. 그는 전자제품 소매 체인과 자사가 새로 출시한 블루투스 헤드셋에 대한 계약을 성공적으로 마무리 지었다. 계약에 가장 큰 공헌을 한 것은 뛰어난 소음 제거 기술이었다.
   미스터 Q는 지금 사장인 미스터 King에게 자신의 성과를 보고하고 있다. 미스터 Q가 전자제품 소매 체인이 소음 제거 기술에 만족감을 표시한 것에 대해 이야기하자 미스터 King은 매우 자랑스러웠다. 그는 미스터 Q에게 품질관리에 크게 신경을 쓰도록 요청한다. 그는 또한 미스터 Q에게 소매 체인과 장기적인 관계를 구축하기 위한 계약에 관해 지속적인 후속조치를 하도록 요청한다. 미스터 Q는 자기 자리로 돌아온 후 자신이 미스터 King에게 한 가지 보고를 누락한 것을 알게 된다. 전체 가격에 선적비용을 포함시키는 것을 깜빡 잊은 것이다. 미스터 Q는 자신의 실수를 보고하기가 꺼려지지만 나중에 문제가 생길 것도 걱정이다.

[정답] 1. ⓑ   2. ⓐ

Exercise

Fill in the blanks with the proper words to complete each sentence.
빈칸에 적절한 어휘를 보기에서 골라 넣어서 문장을 완성하세요.

보기	ⓐ invaluable	ⓑ cutting-edge	ⓒ proceed
	ⓓ among other things	ⓔ no other alternative	

1. 우리 공장은 **최신** 설비를 갖추고 있습니다.
   Our factory has the most _____ facilities.

2. 상사가 지시하는 대로 프로젝트를 **진행해야** 합니다.
   You should _____ with the project as instructed by your boss.

3. 우리 회사에 대한 당신의 공헌은 **매우 중요**했습니다.
   Your contribution to our company has been _____.

4. 그 거래를 받아들이는 것 외엔 **대안이 없습니다**.
   We find _____ but to accept the deal.

5. **무엇보다도**, 효과적인 시간 관리가 프로젝트 매니저에게 요구되는 가장 중요한 기술입니다.
   _____, effective time management is the most important skill required for project managers.

보기	ⓕ break-even point	ⓖ address	ⓗ constantly
	ⓘ long-term deal	ⓙ follow up on	

6. 우리가 지난 주에 나눴던 얘기에 대한 **후속조치를 하기** 위해, 제가 공급업자 명단을 가져왔습니다.
   To _____ the discussion we had last week, I brought a list of providers.

7. 저희 최고경영자가 다음 주에 LG전자와 **장기 계약**을 맺을 것입니다.
   Our CEO will sign a _____ with LG Electronics next week.

8. 가격이 **계속해서** 업데이트되는 저희 웹사이트를 언제든 방문해 주세요.
   Feel free to visit our website, where our prices are _____ updated.

9. 건물 안전 문제를 **처리하기** 위해 아직 아무 것도 행해진 것이 없습니다.
   Nothing has been done yet to _____ the building safety issue.

10. 사업이 **손익분기점**에 이르는 데 3년이 넘게 걸릴 수도 있습니다.
    It might take more than three years for your business to reach a _____.

[정답] 1. ⓑ 2. ⓒ 3. ⓐ 4. ⓔ 5. ⓓ 6. ⓙ 7. ⓘ 8. ⓗ 9. ⓖ 10. ⓕ

Satellite Radio Merger: Monopolization or Necessary Act of Survival?

On July 29, 2008, satellite radio officially had one provider when Sirius Satellite Radio joined forces with rival XM Satellite Radio to form Sirius XM Holdings. The merger was officially announced over a year before, in February 2007, but the actual merger was delayed due to one tiny problem – when satellite radio first began in 1997, the Federal Communications Commission (FCC) granted only two licenses under one condition: the two companies would never combine.

However both Sirius and XM felt a merger was needed and filed the proper paperwork with the FCC. After intensive investigation, the FCC finally gave its approval of the merger. The merger proved to be a success as Sirius XM now has 25.6 million subscribers which is 7 million more than at the time of the merger. The proposed transaction was opposed by those who felt a merger would create a monopoly. However, Sirius and XM argued that a merger was the only way satellite radio could survive.

satellite radio 위성 라디오 | FCC 미국연방통신위원회 | license 면허, 허가 | file 제출하다 | proper 적절한 | paperwork 서류 | investigation 조사 | approval 승인 | transaction 거래

해석

2008년 7월 29일, Sirius 위성 라디오가 경쟁사인 XM과 합병하여 Sirius XM Holdings를 설립하였을 때 위성 라디오는 공식적으로 하나의 공급자를 가지게 되었다. 그 합병은 1년도 더 전인 2007년 2월에 공식적으로 공표되었지만, 실제적인 합병은 하나의 작은 문제점으로 인해 연기되었다. 위성 라디오가 1997년에 처음으로 시작되었을 때, 연방통신위원회가 두 회사는 합칠 수 없다라는 단일 조건으로 단 두 개만 허가했기 때문이다.

그러나 Sirius 와 XM은 합병이 필요하다고 생각했고, 연방통신위원회에 관련 서류들을 제출하였다. 철저한 검토 후에, 연방통신위원회는 마침내 합병을 승인하였다. Sirius XM은 현재 합병시보다 700만 명이 더 많은 2천 5백 60만의 청취자들을 보유함으로써 합병은 성공적이라고 판명되었다. 제안되었던 거래는 합병이 독점을 초래할 것이라고 생각한 사람들에 의해 반대되었다. 하지만, Sirius와 XM측은 합병이 위성 라디오가 생존하기 위한 유일한 방법이었다고 주장했다.

Following Up After a Negotiation

UNIT 18

In this unit you will learn how to follow up after a negotiation.
이 unit에서는 협상 후 후속 조치를 취하는 데 있어 자주 쓰이는 말들에 대해 배우겠습니다.

[preview]

Elly   AceTech 사와 계약을 체결했다면서?
Mr. Q   응, 그래서 곧 프로젝트를 시작할 거야.
Elly   축하해. 너는 협상에 재능이 있는 것 같아.
Mr. Q   고마워. 그 동안 너무 진을 뺐더니 이제 뭘 해야 할 지 모르겠어.
Elly   팔로업을 해야지.
Mr. Q   예를 들면 어떤 것?
Elly   상대편 회사에 업무 진행 상황을 알려주고(give a progress report), 우릴 믿어도 된다고(count on us) 확신을 주는 거지.

Expressions

Go over some useful expressions by reading the following example sentences aloud.
다음 예문들을 소리 내어 읽으면서 협상에 쓰이는 유용한 표현들을 익혀보세요.

① give a progress report

'경과[중간]보고를 하다'라는 뜻입니다. progress는 '진행 상황'을 의미하며 give a report는 '보고를 하다'입니다. report를 동사로 써서 report a progress라고 표현할 수도 있습니다.

We will **give a progress report** at the monthly business meeting in March.
You will be **given a progress report** prepared by our construction manager.
우리는 3월 월례 업무회의에서 **경과보고를 할** 것입니다.
우리 건설공사 매니저가 작성한 **경과보고를 받게** 될 것입니다.

② be underway

'~이 진행 중이다'라는 뜻으로 사용되며, be ongoing으로도 같은 뜻을 나타낼 수 있습니다.

Employees will not be able to use the cafeteria while the renovation **is underway**.
An investigation **is underway** to find out how the accident happened.
직원들은 개조 공사가 **진행되는** 동안 구내식당을 이용할 수 없을 것입니다.
사고가 일어난 경위를 알아내기 위해 조사가 **진행 중입니다**.

③ ship something by

'~을 이용하여 수송하다'의 의미이며, by 뒤에 운송 수단을 씁니다. send something by와 같은 표현이지만 ship something by가 더 비즈니스적인 표현입니다.

You can **ship** packages **by** train and the cost is very attractive.
How much will it cost to **ship** this cargo **by** air?
소포를 **기차로 보낼** 수 있는데 비용이 매우 좋습니다.
화물을 항공기**로 수송하는** 비용이 얼마나 드나요?

④ assess the situation

assess는 '가치 또는 양을 평가하다'라는 의미의 동사로, 이 구문은 '상황을 평가하다, 상황을 자세히 파악하다'라는 뜻입니다.

When a client comes to you with a problem, first **assess the** entire **situation**.
More research is needed to properly **assess the** current **situation**.
고객이 문제를 갖고 당신을 찾아오면, 먼저 전체 **상황을 평가하세요**.
현 **상황을** 제대로 **평가하기** 위해서는 더 많은 조사가 필요합니다.

⑤ be absolutely positive

'확신하다'의 의미입니다. 'be absolutely positive about + 명사' 또는 'be absolutely positive that 주어 + 동사'의 형태로 사용됩니다.

We're **absolutely positive** about the success of our new line of menswear.
I'm **absolutely positive** that your revenue will skyrocket with our product.
우리 회사의 새로운 신사복 라인이 성공할 것이라고 **확신합니다**.
우리 제품으로 귀사의 수익이 급등할 것이라고 **확신합니다**.

⑥ assure you of one thing

'당신에게 한 가지를 보장합니다'라는 뜻입니다. 동사 assure는 '~에게 장담하다, ~에게 보장해주다'라는 뜻으로, 'assure + 목적어 + 장담 내용'의 형태로 쓰입니다.

I can **assure you of one thing**; the product will revolutionize 3D printing technology.
We can **assure you that** we will make every effort to meet the deadline.
한 가지 장담할 수 있습니다. 그 제품이 3D 인쇄기술을 혁신시킬 것입니다.
마감시한을 지키기 위해 모든 노력을 쏟을 것**을 약속드립니다**.

⑦ count on

'~을 믿다, 의지하다'라는 의미의 표현입니다. rely on이나 depend on과 바꾸어 쓸 수 있습니다.

As we're the industry leader in this field, you can **count on** us completely.
You can **count on** our staff members to handle every detail in an efficient and timely manner.
우리가 이 분야의 업계 선두주자이기 때문에 우리를 완전히 **믿으셔도** 됩니다.
우리 직원들이 모든 세부항목들을 효율적이고 시기 적절하게 다룰 것이라고 **믿으셔도** 됩니다.

⑧ assume full liability for

'~에 대한 전적인 책임을 가지고 있다'라는 뜻입니다. have full responsibility for와 비슷한 뜻이지만 보다 격식을 갖춘 표현입니다.

The outsourcing company **assumes full liability for** the distribution of our products.
Customers **assume full liability for** damage once the package is open.
그 아웃소싱 회사가 저희 제품의 유통에 대한 **전적인 책임을 맡고 있습니다**.
포장을 뜯고 나면 고객이 제품의 손상에 대한 **전적인 책임을 집니다**.

Vocabulary

Before starting the main study, go over the following key vocabulary words.
본 학습을 시작하기 전에 아래의 주요 어휘들을 익혀보세요.

① skyrocket

가격 등이 '오르다'라고 표현할 때 동사 rise를 쓰는 것이 일반적이지만 '급등하다'와 같이 갑자기 오르는 상황을 나타낼 때는 skyrocket 또는 soar를 사용합니다. 반대의 의미를 가진 표현에는 hit the bottom이 있습니다.

The prices of construction materials have **skyrocketed**.
Some companies are having trouble adjusting to the **skyrocketing** market prices.
건설자재들의 가격이 **급등했습니다**.
몇몇 회사들은 **급등하는** 시장에 적응하느라 어려움을 겪고 있습니다.

② incur

좋지 못한 상황을 '초래하다', '처하게 되다', 또는 '비용을 물게 되다'의 의미입니다. incur의 명사 형태는 incurrence로 '손해를 입음', '책임이나 부담을 초래함'을 의미합니다.

The company might **incur** unexpected expenses due to the accident.
Jenny found out the fact that she had to **incur** her father's debt.
그 회사는 그 사고로 인해 예상하지 못한 비용을 **물게** 될지도 모릅니다.
Jenny는 아버지의 빚을 **물어**야 한다는 사실을 알게 되었습니다.

③ assurance

'장담, 확약'이라는 뜻으로 주로 약속을 하거나 자신감을 보여줄 때 사용합니다. Give assurance (보증하다), have assurance(확신하다) 등과 같이 쓰입니다.

Pete gave me every **assurance** that he would complete the project by Friday.
I have full **assurance** that she will come through.
Pete는 금요일까지 프로젝트를 마무리할 것이라고 **장담**했습니다.
그녀가 해낼 것이라고 전적으로 **확신**합니다.

④ dissuade

'~을 만류시키다'라는 의미의 동사로, 'dissuade + 목적어 + from – ing'(목적어가 ~하지 못하도록 만류하다)라는 구문으로 잘 쓰입니다. 반의어는 persuade(설득하다)입니다.

I tried my best to **dissuade** Robert from quitting his job, but it was all in vain.
The company was pressuring workers to **dissuade** them from joining the labor union.
나는 Robert가 직장을 그만두지 **않도록 설득하려** 최선을 다했지만, 모두 허사였습니다.
그 회사는 직원들이 노동조합에 가입하지 **못하게 하기** 위해 압력을 넣고 있었습니다.

⑤ exceptionally

'유난히, 특별히'라는 뜻의 부사로서, particularly, especially 등과 바꾸어 쓸 수 있습니다. 형용사형은 exceptional로 '이례적일 정도로 우수한, 특출난'이라는 뜻입니다.

Employees who performed **exceptionally** well will be recognized during the end of the year party.

Mr. Q is an **exceptionally** energetic member of the sales team.

특별히 업무 성과가 좋은 직원들은 연말 파티에서 상을 받게 될 것입니다.

미스터 Q는 영업팀에서 **특별히** 에너지가 넘치는 일원입니다.

⑥ subscribe

'(신문 등을) 구독하다, (인터넷이나 유료 TV 서비스를) 이용하다'라는 뜻의 동사이며 전치사 'to + 명사'와 함께 쓰여 '~을 구독하다, ~을 이용하다'라는 뜻으로 쓰입니다. 명사형은 subscription(구독, 이용), subscriber(구독자, 이용자)입니다.

Mr. Bell **subscribes to** Time to get the latest on global business issues.

A 10% discount coupon will be provided for those who **subscribe to** IT Monthly for a year.

미스터 Bell은 국제 비즈니스의 최신 이슈들을 알기 위해 Time지를 **구독합니다**.

IT Monthly를 1년간 **구독하는** 독자들에게 10% 할인 쿠폰이 제공될 것입니다.

⑦ endorse

'공개적으로 지지하다'라는 뜻의 동사입니다. 특히 '(유명인이 광고 등에 나와 특정 상품을) 홍보하다'라는 뜻을 나타낼 때 이 단어를 씁니다. 동의어로는 support가 있고, 명사형은 endorsement입니다.

We expect to increase sales by 40 percent by hiring a famous actor to **endorse** our new product.

I do not **endorse** the new policy that the current management is trying to implement.

우리는 유명 배우를 고용해서 우리 제품을 **홍보하도록** 함으로써 매출을 40% 증대시키길 기대하고 있습니다.

나는 현재 경영진이 시행하려고 하는 새 정책을 **지지하지** 않습니다.

⑧ liability

'~에 대한 법적 책임', 또는 '부채'를 의미합니다.

We refuse to accept **liability** for any damage that occurred during shipping.

My company has **liabilities** of nearly 1 million dollars.

저희는 배송 중에 일어난 그 어떤 손상에 대해서도 **책임**을 지지 않습니다.

우리 회사는 **부채**가 거의 백만 달러입니다.

Dialogue 1   🎧 NEG1801.mp3

Listen to the dialogue and then read it aloud.
대화를 듣고 소리내어 따라 읽어 보세요.

Mr. Q   I'm happy to let you know that the production is going smoothly, without any problems. As you can see from this **progress report**, we've finished 80% of the production.

Elly   Hmm, very good. It seems no problem for you to complete the production by next week.

Mr. Q   Sure. Although packaging **is** still **underway**, we can finish the whole process by next Monday.

Elly   That's a lot faster than I expected. Thank you for your excellent work.

Mr. Q   You're welcome. We are fast and we are also strict on quality control. According to our quality assurance team, there has been a 0% failure rate.

Elly   That's really impressive. Frankly, I've been worried about this project, but my worry is beginning to go away.

Mr. Q   No need to worry at all. As we're the industry leader in this field, you can **count on** us completely from development to production.

[해석]

Mr. Q   생산이 아무 문제 없이 원활하게 진행되고 있음을 알려드리게 되어 기쁩니다. **경과 보고서**에서 볼 수 있듯 생산의 80%를 마쳤습니다.

Elly   음, 아주 좋습니다. 다음 주까지 생산을 끝내는 데 문제가 없어 보이는군요.

Mr. Q   물론이죠. 포장작업이 현재 **진행 중**이긴 하지만, 다음 월요일까지 모든 과정을 끝낼 수 있겠습니다.

Elly   기대했던 것보다 훨씬 빠른 속도네요. 일을 잘 해주셔서 고마워요.

Mr. Q   천만의 말씀입니다. 저희는 빠르고 품질 관리에 엄격합니다. 우리 품질 보증팀에 의하면, 불량률이 0%였다고 해요.

Elly   정말 놀랍군요. 솔직히, 이번 프로젝트가 걱정스러웠는데, 이제야 걱정이 가시네요.

Mr. Q   걱정하실 필요 전혀 없습니다. 저희는 이 업계 선두주자이기 때문에 개발에서 생산까지 저희를 전적으로 **믿으셔도** 됩니다.

Dialogue 2 🎧 NEG1802.mp3

First read the dialogue in Korean and then say it in English.
먼저 우리말 대화를 보고 영어로 말해 보세요.

Mr. Q 주문하신 3D 프린터의 **중간보고를 드리기** 위해 왔습니다.

Elly 좋아요. 매우 기대되는군요. 저희가 동의한 기한을 맞출 수 있는 겁니까?

Mr. Q 물론이죠. 보시다시피 저희는 이미 생산을 80% 완료하였고 다음 주에는 배송할 준비가 될 것입니다.

Elly 모든 것이 순조롭게 진행되는 것 같군요.

Mr. Q 그리고 기술개발에 대해서 직원들을 교육시키고 업데이트를 설치하기 위한 **후속** 방문을 제공할 것이라고 알고 계시면 됩니다.

Elly 좋아요. 이제 당신의 제품에 대해 확신이 서지만, 만약 제품의 오류로 손해가 **발생한다면**...

Mr. Q 저희는 불량률이 **월등하게** 낮습니다. 하지만 언급하신 그런 경우라면, 저희는 손해에 대한 **전적인 책임**을 지게 될 것입니다.

Elly 정말 **믿음이 가는군요**!

[스크립트]

Mr. Q So I'm here to **give you a progress report** on the 3D printers you ordered.

Elly Great. We're very excited. So will you be able to meet the deadline we agreed upon?

Mr. Q Absolutely. As you can see we are already 80% done with production and should be ready to ship by next week.

Elly Sounds like everything is going smoothly.

Mr. Q And you have our **assurance** that we'll provide **follow-up** visits to educate your staff about developments in the technology and to install updates.

Elly Great. Now, I am confident in your product, but should we **incur** losses from product error…

Mr. Q We have an **exceptionally** low failure rate. But in such cases as you described, we **assume full liability** for losses.

Elly I guess we can really **count on** you!

Mr. Q's Story

🎧 NEG1803.mp3

Listen to the situation and answer the questions below.
다음 내용을 듣고 아래의 질문에 답해 보세요.

1 What does Mr. Q's firm produce?

　ⓐ Leather products　　　　　　ⓑ Tablet PCs
　ⓒ Innovative gadgets　　　　　ⓓ Cleaning products

2 Who signed a deal with Mr. Q's company?

　ⓐ A shipping company　　　　 ⓑ An accounting firm
　ⓒ A marketing firm　　　　　　ⓓ An online shopping mall

3 What would you do if you were Mr. Q?

[스크립트]

　　Mr. Q owns a small venture firm that develops innovative gadgets for everyday life. His company recently developed a multi-function USB desktop aquarium that works as an aquarium, alarm clock and overhead lighting. He successfully signed a deal with a big online shopping mall. His manufacturing department is now producing 500 aquariums a day to meet the deadline.
　　Mr. Q is meeting Ms. Brooks, the sales director of the online shopping mall. Ms. Brooks doubts about Mr. Q's ability to finish the project on time. She also demands Mr. Q send her a report about his company's quality management system.
　　When Mr. Q returns to his company, he hears that there is an error with the aquarium. The overhead lighting does not function in some rare cases, which can be calculated at a 5% failure rate. To find the cause and fix the problem, the production cannot be completed within the deadline. Mr. Q needs to decide whether to halt the production and tell Ms. Brooks the truth or continue the production to keep the deadline.

[해석]

　　미스터 Q는 일상생활을 위한 혁신적인 도구를 개발하는 작은 벤처 기업을 소유하고 있다. 그의 회사는 최근에 어항 및 알람시계, 머리맡 전등의 기능을 하는 다기능 USB 데스크탑 어항을 개발했다. 그는 성공적으로 대형 온라인 쇼핑몰과의 계약을 체결했다. 그의 회사의 제조부서는 지금 납품기한을 맞추기 위해 하루에 500개의 어항을 생산하고 있다.
　　미스터 Q는 지금 온라인 쇼핑몰의 영업이사인 미즈 Brooks를 만나고 있다. 미즈 Brooks는 제 시간에 프로젝트를 끝낼 수 있는 미스터 Q의 능력을 의심하고 있다. 그녀는 또한 미스터 Q에게 회사의 품질관리 시스템에 대한 보고서를 보낼 것을 요구한다.
　　미스터 Q는 회사로 돌아와 어항에 문제가 있다는 말을 듣게 된다. 머리맡 전등이 어쩌다 작동을 하지 않는다는 것인데, 작동 실패률은 5%로 추산된다. 원인을 찾고 문제를 수정하려면 마감 시한 내에 생산을 마칠 수 없다. 미스터 Q는 생산을 중단하고 미즈 Brooks에게 사실을 말할지, 아니면 마감시한을 지키기 위해 생산을 계속할지를 결정해야 한다.

[정답]　1. ⓒ　2. ⓓ

Exercise

Fill in the blanks with the proper words to complete each sentence.
빈칸에 적절한 어휘를 보기에서 골라 넣어서 문장을 완성하세요.

보기	ⓐ count on	ⓑ endorse	ⓒ ship
	ⓓ assume	ⓔ skyrocketed	

1. 이 상품들을 항공으로 **보내는** 데 얼마나 들까요?
   How much will it cost to _____ these packages by air?

2. 저희가 배송 중에 발생하는 모든 손상에 대해 모든 책임을 **지도록** 하겠습니다.
   We _____ full liability for any damage that occurs during shipping.

3. 그 회사는 유명 운동선수를 고용해 신제품 런닝화를 **홍보하도록** 했습니다.
   The company hired a famous athlete to _____ its new line of running shoes.

4. 유가가 2014년 이래로 **치솟았습니다**.
   Oil prices have _____ since 2014.

5. 저희는 업계 선두주자이므로 저희를 **완전히** 믿으셔도 됩니다.
   You can _____ us completely, as we're the industry leader.

보기	ⓕ subscribe to	ⓖ exceptionally	ⓗ progress report
	ⓘ assure	ⓙ underway	

6. 귀사의 필요를 만족시키기 위해 최선의 노력을 할 것이라는 점을 **확실히 말씀드릴** 수 있습니다.
   We can _____ you that we will make every effort to meet your needs.

7. 월례 회의에서 **경과보고**를 받으실 겁니다.
   You will be given a _____ at the monthly meeting.

8. **특히** 업무 성과가 좋은 직원들은 회사 연회에서 상을 받을 것입니다.
   Employees who performed _____ well will receive an award at the company banquet.

9. 화재가 왜 발생했는지 알아내기 위해 조사가 **진행 중**입니다.
   An investigation is _____ to find out why the fire broke out.

10. Automobile Monthly를 1년간 **구독하시면** 10% 할인 쿠폰을 받으실 겁니다.
    If you _____ Automobile Monthly for a year, you will be provided a 10% discount coupon.

[정답] 1. ⓒ 2. ⓓ 3. ⓑ 4. ⓔ 5. ⓐ 6. ⓘ 7. ⓗ 8. ⓖ 9. ⓙ 10. ⓕ

Business Case

Read the article below, summarize it and give your opinion.
아래의 글을 읽어보고 내용을 요약 한 후 자신의 생각을 말해 보세요.

Microsoft : No Windows 11

Windows 10 will be the last major revision for the operating system according to Jerry Nixon, a Microsoft development executive. Instead of new stand-alone versions, Windows 10 will be improved in regular installments. Most of the revenue generated by Windows for Microsoft came from sale of new PC's and this is unlikely to be affected by the change. Windows will be delivered as a service bringing new innovations and updates in an ongoing manner.

Microsoft has had to spend a vast amount of money on marketing and infrastructure in order to convince users that the new version is needed and that it is better than anything that had come before. Windows 10 will bring about an increased speed of Windows updates, which essentially means that Microsoft will have to work very hard in order to keep generating updates and new features. The views are that this is a positive step overall, although it does carry some risks for the company.

revision 개정, 수정 | stand-alone 독립형의 | regular installment 정기적인 설치 | ongoing 계속 진행 중인 | vast 방대한 | infrastructure 기반 | step 걸음, 조치

─ 해석 ─

Microsoft사의 개발 이사인 Jerry Nixon에 따르면 Windows 10은 운영체제의 마지막 중요한 개정이 될 것이다. 새로운 독립형 버전 대신에, Windows 10은 정기적인 설치에 있어서 개선된 형태가 될 것이다. Microsoft사의 Windows로 인해 발생되는 수입의 대부분은 신제품 PC의 판매로 이루어져서 개정으로 인해 영향을 받을 것 같지는 않다. Windows는 지속적인 업데이트와 새로운 혁신을 가져다 주는 서비스로서 지금까지 하던 방식으로 제공될 것이다.

Microsoft사는 사용자들에게 새로운 버전이 필요하며 이것이 그 이전에 있었던 어느 버전보다도 좋다는 것을 설득시키기 위해 마케팅과 기반시설에 방대한 양의 돈을 지출해야 했다. Windows 10은 Windows 업데이트 속도의 증가를 가능하게 할 예정인데, 이는 Microsoft사가 업데이트와 새로운 특성들을 계속 만들기 위해 매우 열심히 일해야 할 것이라는 것을 필히 의미한다. 이것은 회사에 일종의 리스크를 가져다 주지만 전반적으로 긍정적인 한 발걸음이라는 것이 이 변화를 바라보는 시선들이다.

UNIT 19

Solidifying a Business Relationship

In this unit you will learn how to solidify a business relationship.
이 unit에서는 업무상의 관계를 확고히 하는 것에 대해 배우겠습니다.

[preview]

Mr. Q   고객사 문제는 잘 해결됐어?
Elly   응. 잘못하면 소송(litigation)까지 갈 수도 있었던 상황이었는데, 우리 쪽에서 신속하게 대응해서 (respond quickly) 잘 넘겼어.
Mr. Q   그 고객사가 원래 오래된 단골(regular customer)이었지? 이번 기회에 서로의 관계를 확고히 할 (solidify) 계기가 되었겠네.
Elly   그런 거 같아. 공급계약도 원래는 올해가 만료(terminate) 예정이었는데 더 연장하기로 했어.

Expressions

Go over some useful expressions by reading the following example sentences aloud.
다음 예문들을 소리 내어 읽으면서 협상에 쓰이는 유용한 표현들을 익혀보세요.

❶ I owe you

'제가 당신에게 ~를 빚지고 있습니다'라는 의미로 해석됩니다. 동사 owe는 'owe + 사람 + 빚의 내용' 또는 owe + 빚의 내용 + to + 사람'의 형태로 쓰이며, 이는 '~에게 ~를 빚지다'라는 의미입니다.

I owe you a lot and want to treat you to lunch someday.
What did **he owe you** when you worked with him?

신세를 많이 져서 언젠가 점심 한번 대접하고 싶습니다.
그와 함께 일했을 때 그가 당신에게 어떤 신세를 졌나요?

❷ be indebted to

기본 의미는 '~에게 신세를 지다, 빚을 지다'이며, '~에게 감사하다'로 해석됩니다. 'be indebted to + 사람 + for + 내용'의 구조로 잘 쓰이며, 이때 to 다음에는 대상이 목적격의 형태로 나오고, 신세 진 내용은 for 다음에 씁니다.

I **am** deeply **indebted to** my colleagues for all their support.
We **are** greatly **indebted to** your company for the cooperation it has given us over the past three years.

지지해주신 것에 대해 제 동료들에게 깊이 감사합니다.
지난 3년간 협조해 주신 것에 대해 귀사에 매우 감사드립니다.

❸ be grateful to

'~에 감사하다'라는 뜻을 가지며, thank, appreciate와 같은 동사가 같은 의미로 사용 가능합니다.

I **am** so **grateful to** your contribution.
Ann **was grateful to** be chosen as a team leader.

공헌에 감사드립니다.
Ann은 팀의 리더로 뽑힌 것에 대해 감사했습니다.

❹ I would appreciate it if

'~해주신다면 감사하겠습니다'라는 정중한 표현입니다.

I would appreciate it if you could confirm your decision to work with us.
I would greatly **appreciate it if** the computers can be delivered to my office as soon as possible.

저희와 함께 일하고자 하는 결정을 확인해 주시면 감사하겠습니다.
컴퓨터를 제 사무실로 가능한 한 빨리 배송해주시면 매우 감사하겠습니다.

❺ start a joint venture

'합작 사업을 시작하다'라는 뜻의 표현입니다. joint-venture 자체가 '합작 사업을 하다'라는 의미의 동사로 쓰이기도 합니다.

Shinjin Motors **started a joint venture** with General Motors under the name General Motors Korea.

You should **start a joint venture** with another company if you think that your business is lacking specific resources.

Shinjin Motors는 General Motors Korea라는 이름 하에 General Motors와 **합작 사업을 시작했습니다**.
귀사에 특정 자원이 부족하다고 생각한다면 다른 회사와 **합작 사업을 시작해야** 합니다.

❻ feel free to do

'마음 놓고 해도 괜찮다'라는 의미로 사용되며, to 뒤에 동사원형이 옵니다. don't hesitate to do와 바꾸어 쓸 수 있습니다.

Please **feel free to** ask any relevant questions.

Feel free to contact me whenever you need help.

관련 있는 어떤 질문을 **하셔도 괜찮습니다**.
도움이 필요하면 언제든 **자유롭게** 연락 주세요.

❼ provide a special level of service

'특별한 서비스를 제공하다'라는 뜻입니다. 고객에게 '최상의 서비스를 제공하다'라는 의미로 잘 쓰입니다.

I guarantee you that we will **provide a special level of service**.

In order to make our customers satisfied, **providing a special level of service** is a must.

최고의 서비스를 제공할 것을 약속합니다.
고객을 만족시키기 위해서, **최고의 서비스를 제공하는 것**은 필수입니다.

❽ respond swiftly

'빠르게 응답하다, 반응하다'라는 뜻입니다. swiftly 대신 quickly, as soon as possible과 같은 부사 표현을 사용할 수 있습니다.

I'd like you to **respond swiftly** to my email because it is an urgent matter.

I appreciate your **responding swiftly** to my request for a refund.

시급한 문제이므로 제 이메일에 **빨리 응답해주길** 바랍니다.
제 환불 요청에 **빨리 응답해** 주셔서 감사 드립니다.

Vocabulary

Before starting the main study, go over the following key vocabulary words.
본 학습을 시작하기 전에 아래의 주요 어휘들을 익혀보세요.

① technical support

'기술지원'이라는 뜻의 명사입니다. '기술지원 부서'를 의미하기도 합니다.
The **technical support** team is trying to find out the cause of the problem.
The **technical support** staff will be upgrading all computers on the 3rd floor, beginning at 6 p.m. on Sunday.
기술지원팀은 문제의 원인을 알아내고자 노력하고 있습니다.
기술지원 부서 직원들이 일요일 오후 6시부터 3층의 모든 컴퓨터를 업그레이드할 것입니다.

② companion

'동반자, 동행자'라는 뜻을 가지며, friend, partner가 동의어로 사용됩니다.
Hankook Tire has been the best business **companion** for the last two decades.
We promise to be your long-time **companion**, aiding your business with our superb product portfolio.
한국타이어는 지난 20년간 우리에게 최고의 사업 **동반자**였습니다.
저희가 갖고 있는 우수한 제품군으로 귀하의 사업을 도와 장기적인 **동반자**가 될 것을 약속 드립니다.

③ terminate

'끝내다, 종결하다'는 뜻의 동사로서, end, stop과 비슷한 의미이지만 보다 격식을 차린 표현입니다.
The contract is supposed be **terminated** by the end of this year.
As both companies agreed to **terminate** the deal, no penalty will be paid.
그 계약은 올해 말에 **종결**될 예정입니다.
두 회사가 거래를 **종료하는** 데 합의했으므로, 위약금은 지불되지 않을 것입니다.

④ litigation

'소송, 소송 과정'이라는 뜻의 명사로서, lawsuit과 같은 말입니다. '~와 소송 중이다'라고 할 때 be in litigation with라는 표현을 씁니다.
Our company has been in **litigation** with SI Telecom over copyright infringement.
Our law firm has a special focus on cross-border **litigation**, acting for and against foreign entities.
우리 회사는 SI Telecom 사와 저작권법 위반으로 **소송** 중입니다.
우리 법률 회사는 국가간 **소송**을 전문으로 하며, 외국 업체들을 대변하거나 그들에 맞서 드립니다.

5 obligate

'의무를 지우다'라는 뜻의 동사로, 주로 수동형태인 'be obligated to do'의 형태로 쓰여 '~해야 하다, ~할 의무가 있다'라는 뜻으로 쓰입니다.

According to the contract, we are **obligated** to ship the items on time.
You are **obligated** to pay the rent until a tenant is secured.
계약에 따르면, 우리는 제 시간에 물건을 배송할 **의무가 있습니다**.
세입자가 구해질 때까지 당신이 집세를 내야 할 **의무가 있습니다**.

6 solidify

'~을 굳건히 하다, 확고히 하다'라는 의미이며, 동의어로는 consolidate, strengthen, tighten이 있습니다.

We will all get together tonight to **solidify** our relationships in a more casual setting.
To **solidify** his position, the CEO appointed one of his staff to vice president.
우리는 보다 편안한 환경에서 우리의 관계를 **다지기** 위해 오늘 밤 모두 모일 것입니다.
자신의 지위를 **확고히 하기** 위해, 최고경영자는 자신의 부하 중 한 사람을 부사장으로 임명했습니다.

7 regular customer

'규칙적인'이라는 뜻의 regular와 '손님'이라는 뜻의 customer가 합쳐져 '단골 손님'이라는 의미를 나타냅니다.

Sarah is one of our **regular customers** who buys lots of items.
This special offer is provided only to **regular customers**.
Sarah는 많은 제품을 구매하시는 우리 **단골 고객** 중 한 분입니다.
이 특가 혜택은 **단골 고객**에게만 제공됩니다.

8 commitment

'약속, 전념, 헌신'을 의미합니다. '~에 대한 헌신'이라는 뜻의 표현인 commitment to는 비즈니스 영어에서 자주 쓰입니다.

Thank you for giving us another opportunity to prove our **commitment** to excellent service.
In an ongoing **commitment** to customer satisfaction, we welcome any comments on our service.
저희가 훌륭한 서비스에 **전념**한다는 것을 증명할 기회를 다시 주셔서 감사 드립니다.
늘 고객 만족에 **전념**하여, 저희 서비스에 대한 어떤 평이라도 환영합니다.

Dialogue 1 🎧 NEG1901.mp3

Listen to the dialogue and then read it aloud.
대화를 듣고 소리내어 따라 읽어 보세요.

Mr. Q	We **are** so **grateful to** your company for understanding the delay in shipping.
Elly	That's okay. It didn't cause many problems.
Mr. Q	Thank you so much. Weren't there any problems with the products?
Elly	Actually, I've received a report about some faulty products. They had scratches on their panels.
Mr. Q	Oh, I'm terribly sorry. I'll ask our quality control manager to check out the problem ASAP.
Elly	Great. Please do so.
Mr. Q	Well, thanks to you, we've had our best business year this year. I feel I **owe you** a lot.
Elly	Same for us, too. My boss is very satisfied with your products. **We would appreciate it if** you could agree to extend the contract with us.
Mr. Q	I'm so glad to hear that. We promise to be your long-time **companion**, providing you with our products.

[해석]

Mr. Q	선적이 지연된 점을 이해해주셔서 대단히 **감사합니다**.
Elly	괜찮습니다. 그로 인한 문제는 별로 없었어요.
Mr. Q	대단히 감사합니다. 제품에 문제는 없었나요?
Elly	사실, 불량품이 좀 있다는 보고를 받았어요. 패널에 긁힌 자국이 있다더군요.
Mr. Q	아, 정말 죄송합니다. 저희 품질관리 매니저에게 즉시 문제를 확인하라고 하겠습니다.
Elly	좋아요. 그렇게 해주세요.
Mr. Q	감사하게도, 귀사 덕분에 우리 사업에서 올해가 최고의 한 해였습니다. **신세를** 많이 **진** 것 같아요.
Elly	우리도 마찬가지예요. 저희 사장님이 귀사의 제품에 아주 만족하셨어요. 저희와 계약을 연장하는 데 동**의해주신다면 정말 감사하겠어요**.
Mr. Q	그 말씀을 들으니 너무 기쁘군요. 저희 제품을 공급해드리면서 귀사와 장기적인 **동반자**가 될 것을 약속 드립니다.

Dialogue 2 🎧 NEG1902.mp3

First read the dialogue in Korean and then say it in English.
먼저 우리말 대화를 보고 영어로 말해 보세요.

Mr. Q	또 인사 드려요! 지난 달에 배송해드린 가구의 손상 문제를 이해해 주셔서 감사합니다.
Elly	그렇게 심하지 않았어요. 그리고 상황에 **신속하게 대처해** 주셔서 감사했어요.
Mr. Q	음. 저희가 오랫동안 **열심히 할** 것임을 알아주셨으면 해요. 저희는 귀사가 모든 과정에서 100% 만족하면 좋겠습니다.
Elly	아직까지는 좋아요. 그나저나, 덕분에 저희 가구 매장들의 매출이 지난 달에 15% 상승했어요.
Mr. Q	그 말을 들으니 기쁘네요. 귀사가 계속 저희 **단골 고객**으로 계셨으면 좋겠습니다. 저희가 **최상의 서비스를 제공할** 것이라고 믿으셔도 좋습니다.
Elly	귀사의 제품을 많이 판매하고 싶어요. 저희는 이걸 **합작 투자**라고 생각하거든요.
Mr. Q	저희를 공급회사로만 생각하지 마시고, **협력업체**라고 생각해주세요!

[스크립트]

Mr. Q	Hello again! Thanks for your understanding regarding the damaged furniture we shipped you last month.
Elly	It wasn't that bad. And we appreciated that you **responded swiftly** to the situation.
Mr. Q	Well. We want you to know you have our long-term **commitment**. We want you to be 100% satisfied at every step of the way.
Elly	Well, so far so good. By the way, thanks to you, sales at our furniture outlets was up 15% last month.
Mr. Q	I'm glad to hear that. We want to keep you as a **regular customer**. You can count on us to **provide a special level of service**.
Elly	And we hope to sell a lot of your products. We think of this as a **joint venture**.
Mr. Q	And think of us not just as your supplier but as your **companion company**!

Mr. Q's Story 🎧 NEG1903.mp3

Listen to the situation and answer the questions below.
다음 내용을 듣고 아래의 질문에 답해 보세요.

1 What kind of work does Mr. Q do?

    ⓐ Promotion   ⓑ Sales

    ⓒ Manufacturing   ⓓ R&D

2 Why is Mr. Q visiting Mr. Hill?

    ⓐ To complain about faulty products   ⓑ To solidify their relationship

    ⓒ To withdraw the contract   ⓓ To outline the project schedule

3 What should Mr. Q do to settle this situation?

[스크립트]

    Mr. Q is the promotion assistant of a boat manufacturer. He is going to visit a water sports equipment retailer that has been dealing with his company for years. Mr. Q has two tasks for the visit. One is to express thanks for long-time dealings to Mr. Hill, the boss of the retailer, about the recent project. The other is to solidify the relationship with Mr. Hill by promising a long-term commitment.

    When Mr. Q met Mr. Hill, he was embarrassed by Mr. Hill's complaints. Mr. Hill complained about Mr. Q's frequent delay in shipping. He also complained about the high rate of faulty items. He talked about the recent faulty boats Mr. Q's company supplied and demanded a refund. As Mr. Q has only been recently employed, he doesn't understand everything that Mr. Hill is talking about. But he has to settle this situation anyway.

[해석]

    미스터 Q는 보트 제조사의 홍보 보좌이다. 그는 몇 년 동안 자기 회사와 계약 관계에 있는 수상스포츠 장비 소매상을 방문할 예정이다. 미스터 Q의 방문 목적은 2가지이다. 하나는 소매점 사장인 미스터 Hill에게 최근 프로젝트와 관련한 장기 계약에 대해 감사를 표현하는 것이다. 다른 하나는 장기적인 공헌을 약속함으로써 미스터 Hill과 관계를 공고히 하는 것이다.

    미스터 Q가 미스터 Hill을 만났을 때 그는 미스터 Hill의 불평에 당황스러웠다. 미스터 Hill은 미스터 Q의 잦은 운송 지연에 대해 불평했다. 그는 또한 불량률이 높은 것에 대해서도 불평을 했다. 그는 미스터 Q 회사가 공급한 최근 불량 보트들에 대해 이야기하며 환불을 요구했다. 미스터 Q는 최근에 채용되어서 미스터 Hill이 하는 말을 전부 이해하지는 못한다. 하지만 그는 어쨌든 이 상황을 해결해야 한다

[정답]   1. ⓐ   2. ⓑ

Exercise

Fill in the blanks with the proper words to complete each sentence.
빈칸에 적절한 어휘를 보기에서 골라 넣어서 문장을 완성하세요.

보기	ⓐ indebted to	ⓑ joint venture	ⓒ obligated
	ⓓ feel free to	ⓔ terminate	

1. 당신의 고용 계약은 언제 **종료됩니까**?
   When does your contract of employment _____?

2. 저희 서비스에 대해 질문이 있으시면 **편하게** 제게 연락하세요.
   Please _____ contact me if you have any questions about our service.

3. 자신의 회사에 특정한 자원이 없다면 **합작 사업**을 시작하는 것을 고려해 보세요.
   If you think that your business is lacking specific resources, consider starting a _____.

4. 당신은 이달 말까지 등록비를 지불해야 할 **의무가 있습니다**.
   You are _____ to pay the registration fee by the end of this month.

5. 지지해주고 도와주신 제 동료들에게 깊이 **감사 드립니다**.
   I am deeply _____ my colleagues for all their support and help.

보기	ⓕ litigation	ⓖ commitment	ⓗ appreciate it
	ⓘ technical support	ⓙ solidify	

6. 결정을 가능한 한 빨리 알려주신다면 **감사하겠습니다**.
   I would _____ if you could let us know your decision ASAP.

7. 컴퓨터에 문제가 있으면 언제든 저희 **기술지원부**에 연락 주세요.
   If you experience any problems with your computer, feel free to call our _____.

8. 보다 편안한 환경에서 우리 관계를 **다지기 위해** 오늘 밤 모두 모일 것입니다.
   We will all get together tonight to _____ our relationships in a more casual setting.

9. 저희 회사에 오랫동안 **헌신**해 주신 것을 소중히 생각하고 있습니다.
   We value your long-time _____ to our organization.

10. 우리는 ABC 전자와 특허권 위반 문제로 **소송** 중입니다.
    We've been in _____ with ABC Electronics over patent infringement.

[정답] 1. ⓔ 2. ⓓ 3. ⓑ 4. ⓒ 5. ⓐ 6. ⓗ 7. ⓘ 8. ⓙ 9. ⓖ 10. ⓕ

Business Case

Read the article below, summarize it and give your opinion.
아래의 글을 읽어보고 내용을 요약 한 후 자신의 생각을 말해 보세요.

A Battle of Software Giants

Software giants and archrivals Oracle and SAP have had a very public legal battle brewing for some time. An initial court decision that was reached ordered SAP of Germany to pay Oracle $306 million. This followed litigation stemming back to 2010 that initially saw a jury award $1.3 billion to Oracle, though the amount was reduced to below $300 million. Oracle thought this number was too low and continued to fight in the courts

The latest judgment represents a settlement between the two firms and stems from allegations that a SAP software maintenance application inappropriately downloaded software from Oracle. SAP had, in effect, admitted to the mistake, but it has taken a number of years for the settlement amounts to be finalized. The extended time has allowed the outspoken CEO of Oracle, Larry Ellison, the opportunity to publicly bash SAP for the embarrassing act of downloading the software.

archrival 최대의 라이벌 | legal battle 법적 싸움 | initial decision 초기 결정 | stem 생기다, 일어나다 | allegation 주장 | inappropriately 부적절하게 | in effect 사실상 | outspoken 노골적으로 말하는 | bash 맹비난하다

해석

소프트웨어 대기업이자 최대의 라이벌인 Oracle과 SAP가 공개적인 법정분쟁에 잠시 휘말렸었다. 초기 법원의 결정은 독일 SAP가 Oracle에게 3억 6백만 달러를 주도록 판결했다. 이는 2010년 소송에서 배심원들이 Oracle에게 처음에 13억 달러를 주기로 했던 이후에 벌어진 일이다. 이 금액은 훗날 3억 달러 미만으로 줄었다. Oracle은 이 금액이 너무 적다고 생각했고, 법정에서 계속해서 싸웠다.

가장 최근의 판결은 두 기업의 분쟁 해결을 보여주며, SAP의 소프트웨어 유지 애플리케이션이 Oracle에서 부적절하게 소프트웨어를 다운했다는 주장이 원인이 되었다. SAP는 사실상 실수를 인정했지만, 합의 금액이 결정되기 위해서는 수 년의 시간이 걸렸다. 시간이 늘어지면서, 거침없는 Oracle의 최고 경영자인 Larry Ellison은 SAP의 수치스러운 소프트웨어 다운로드 행위를 공개적으로 비난할 수 있는 기회를 갖게 되었다.

The Successful Lean Production System at Portakabin

Case Study IV

In this unit you will read an article on a business case and study useful expressions and vocabulary.
이 Unit에서는 비즈니스 상황에 대한 기사를 읽고 유용한 표현 및 어휘를 공부해 보겠습니다.

Portakabin is a global building company that specializes in modular buildings. It is a part of the Shepherd Group, one of the top companies in the European building industry. Portakabin has an excellent reputation for its high quality buildings and fast and efficient production. The key to these features is lean production – a method of production which aims to minimize waste in the use of resources.

Portakabin uses a just-in-time production system which aims to keep holding stocks at a minimum level. Normally, companies maintain certain amount of stocks 'just in case'. However,

Portakabin only holds the stocks needed for orders in process. It orders and builds new component supplies only when there is a demand. By doing so, it can enjoy the following benefits:
- A reduction in the cost for the storage price
- The efficient use of working capital rather than cash tied up in stored stocks
- The risk of current stocks becoming unusable by changing regulations or customer requirements is avoided
- The risk of rework due to defects in stock is avoided

The effort to reduce unnecessary waste also applies to its manufacturing system. It uses standard width of modular units to minimize cutting. It reuses materials and constantly researches ways to change materials for more efficiency. There are waste management teams that supervise every employee. The lean production of Portakabin provides a win/win/win situation for the company itself, customers and society. The company can enjoy financial benefits by reducing production costs and wasted time. The close-to-zero failure rate reduces the lead time, which is the time between a customer placing an order and the end product reaching the customer. Its environmental friendliness due to recycling efforts and reduced construction time provide environmental benefits to society.

[해석]
Portakabin은 세계적 건설 업체로서 모듈러 공법을 전문적으로 하고 있다. 이 회사는 유럽건설 업계 최고 기업들 중 하나인 Shepherd Group의 자회사이다. Portakabin은 고품질의 건물을 빠르고 효율적으로 짓는다고 정평이 나 있다. 이러한 특징을 가질 수 있는 비결은 절약형 생산, 즉, 자원 사용에 있어 낭비를 줄이고자 하는 생산 방식에 있다. Portakabin은 재고를 최소한의 수준으로 유지하는 것을 목표로 하는 적시 생산 시스템을 이용한다. 보통, 기업들은 만약에 대비해 일정량의 재고를 유지한다. 하지만 Portakabin은 진행중인 주문에 필요한 재고만을 보유한다. 수요가 있을 경우에만 새로운 자재를 주문하고 쌓아 놓는다. 그렇게 함으로써 다음과 같은 이점을 누릴 수 있다.

– 보관비용 감소
– 재고에 현금을 묶어두기 보다는 가용 자금 효율적 사용
– 규정 변경이나 고객 요청에 의해 현재 재고가 무용지물이 되는 위험을 피한다
– 재고 불량으로 인한 재작업의 위험을 피한다

불필요한 낭비를 줄이기 위한 노력은 생산 시스템에도 적용된다. 잘라내는 것을 최소화 하기 위해 표준 너비의 모듈러 단위를 사용한다. 자재를 재사용하고, 효율을 높이기 위해 자재를 바꿀 방법을 끊임없이 모색한다. 모든 직원들을 관리감독하는 낭비 관리팀들이 존재한다. Portakabin의 절약형 생산은 회사, 고객, 그리고 사회에게 윈-윈-윈 상황을 가져다 준다. 회사는 생산비 및 시간 낭비를 줄여 재정적 이점을 누릴 수 있다. 제로에 가까운 실패율은 리드타임을 줄여주는데, 리드타임이란 주문을 하는 고객과, 고객에 이르는 완료 제품 사이의 시간을 말한다. 재활용 노력 및 건설 시간 단축으로 인한 환경 친화성이 사회에 환경적 이점을 가져다 준다.

Expressions

Go over some useful expressions by reading the following example sentences aloud.
다음 예문들을 여러 번 소리 내어 읽으면서 유용한 표현들을 익혀보세요.

1 utilize working capital

동사 utilize는 '~을 이용하다'라는 뜻으로, take advantage of와 바꾸어 쓸 수 있습니다. 여기서 working은 '이용 가능한(available)'이라는 뜻이고, capital은 '자본(금)'을 의미합니다. 따라서 working capital이란 '바로 운용이 가능한 자본(금)'을 말합니다.

We will **utilize working capital** generated from our ongoing operations in Kuala Lumpur.
Acquiring firms can more efficiently **utilize working capital** in the target firm.
우리는 Kuala Lumpur에서 현재 운영중인 사업으로부터 나온 **가용 자금을 이용할** 것입니다.
매수 회사들은 매수 대상 회사들의 **가용 자금을** 더욱 효율적으로 **이용할** 수 있습니다.

2 tie up cash

tie up은 '~을 꽁꽁 묶어두다'라는 뜻이므로, tie up cash라고 하면 '현금을 (사용하지 못하도록) 꽁꽁 묶어두다'라는 뜻이 됩니다. tie up cash 대신 tie up capital이라고 해도 됩니다.

Holding too much stock will **tie up cash** and increase storage costs.
Don't **tie up cash** in excess inventory if it's not going to bring a return soon.
재고품을 너무 많이 갖고 있으면 **현금이 꽁꽁 묶이게** 되고 보관 비용이 증가합니다.
곧바로 수익이 날 것이 아니라면 **현금을** 과도한 재고품에 **묶어두지** 마세요.

3 hold stocks at a minimum level

'최소의 재고만 가지고 있다'라는 뜻으로, hold stocks at a maximum level이라고 하면 '최대한의 재고를 가지고 있다'라는 반대의 뜻이 됩니다.

Mr. Fisher advised me to **hold stocks at a minimum level** to reduce expenses.
One of the ways to increase your net profit is to **hold stocks at a minimum level**.
미스터 Fisher는 내게 비용을 절감하기 위해서 **재고를 최소화 하라고** 충고해 주었습니다.
이윤을 향상시킬 수 있는 한 가지 방법은 **재고를 최소화 하는** 것입니다.

4 close-to-zero failure rate

'불량률[실패율]이 거의 제로'라는 뜻입니다.

Thousands of our monitors revealed a **close to zero failure rate** over the last 5 years.
We guarantee you this product will have a **close-to-zero failure rate**.
수천 대의 우리 모니터 제품들은 지난 5년간 **불량률이 거의 제로**였습니다.
우리는 이 제품의 **불량률이 거의 제로에** 가까울 것을 보증합니다.

Vocabulary

Go over the following key vocabulary words.
아래의 주요 어휘들을 익혀보세요.

① lean production

lean production은 lean manufacturing이라고도 합니다. 이때 lean이란 '군살을 뺀'이라는 뜻으로 생산 과정에 있어 낭비 요소를 없애는 시스템을 의미합니다.
Lean production is a new approach to management that focuses on cutting waste.
Hyundai Motors is trying to implement **lean production** systems to lower production costs.
절약형 생산은 낭비를 줄이는 것에 집중하는 새로운 경영 접근 방식입니다.
현대자동차는 생산비를 줄이기 위해 **절약형 생산** 시스템을 시행하고자 합니다.

② lead time

lead time이란 '납품 기한', 즉, 어떤 상품이 '발주'되면서부터 상품이 실제로 전량 '납품 완료'되기까지 소요되는 전체적인 시간을 의미합니다.
Lean production can greatly lower your cost and shorten the **lead time**.
I wish you could give us more **lead time**.
절약형 생산으로 비용을 크게 낮추고 **납품 기한**을 줄일 수 있습니다.
저희에게 **납품 기한**을 좀 더 넉넉히 주시면 좋겠습니다.

③ just-in-time production

'적시 생산'이라는 뜻입니다. just in time은 '시간에 맞게', '적절한 때에'라는 뜻의 부사구인데 이렇게 하이픈으로 연결하여 '적시의'라는 뜻의 형용사로 쓸 수 있습니다.
Just-in-time production means only making what is needed, when it is needed and in the amount needed.
General Motors employs the **just-in-time production** method to ensure maximum efficiency.
적시 생산이란 필요한 것만 필요한 때에 필요한 양만큼만 만드는 것을 말합니다.
General Motors는 최고의 효율을 얻기 위해 **적시 생산** 방법을 이용하고 있습니다.

④ component

'구성 요소, 부속품'이라는 뜻의 명사입니다. 유의어에는 element, part, piece 등이 있습니다.
The **components** of the machine will be delivered by the end of this week.
Our assembly machines put all the **components** together into finished products.
기계 **부속품**들은 이번 주말까지 배송될 것입니다.
저희의 조립 기계들이 모든 **부속품**들을 조립하여 완성품으로 만듭니다.

Exercise

Fill in the blanks with the proper words to complete each sentence.
빈칸에 적절한 어휘를 보기에서 골라 넣어서 문장을 완성하세요.

보기	ⓐ at a minimum level	ⓑ components
	ⓒ tie up cash	ⓓ lean production

1. 우리 회사는 **절약형 생산** 시스템을 시행하여 생산비를 줄이고자 합니다.
   Our firm is trying to implement a _____ system to lower production costs.

2. 재고품을 너무 많이 갖고 있으면 **현금이 꽁꽁 묶이게** 되고 보관 비용이 증가합니다.
   Holding too much stock will _____ and increase storage costs.

3. 이 제품의 누락된 **부품들**을 보내주신다면 감사하겠습니다.
   I would appreciate it if you could send the missing _____ of this product.

4. 우리는 비용을 줄이기 위해 재고를 **최소로** 하기로 결정했습니다.
   We decided to hold stocks _____ to reduce expenses.

보기	ⓔ a close-to-zero failure rate	ⓕ the lead time
	ⓖ utilize working capital	ⓗ just-in-time production

5. 우리는 자카르타에서 운영 중인 사업에서 나온 **가용 자금을 이용할** 것입니다.
   We will _____ generated from our ongoing operations in Jakarta.

6. 수천 개의 우리 스피커들은 지난 5년간 **제로에 가까운 불량률**을 보여줬습니다.
   Thousands of our speakers revealed _____ over the last 5 years.

7. **적시 생산**이란 필요한 것만을 필요한 때에 생산하는 것을 말합니다.
   _____ means only producing what is needed, when it is needed.

8. 절약형 생산으로 비용을 크게 낮추고 **납품 기한**을 줄일 수 있습니다.
   Lean production can greatly lower your costs and shorten _____.

[정답] 1. ⓓ 2. ⓒ 3. ⓑ 4. ⓐ 5. ⓖ 6. ⓔ 7. ⓗ 8. ⓕ

Questions for Discussion

Read the following discussion questions and give your opinions.
아래의 토론 질문을 읽고 자신의 의견을 제시해 보세요.

1 Is your company adopting a lean production system? If yes, what kinds of methods are being used? If not, would you be willing to adopt the system? Why?

___

___

2 Just-in-time production is a typical example of a lean production method. While it reduces business costs considerably, it also entails risks as there is no spare stock. What do you think is needed to safely manage this production method?

___

___

3 Portakabin is not only renowned for its efficient production system but also its environmental friendliness. Do you know of any eco-friendly corporations in your country? If so, briefly describe them.

___

___

[해석]
1. 당신의 회사는 절약형 생산 시스템을 채택하고 있습니까? 만일 그렇다면, 어떠한 방법들이 이용되고 있습니까? 만일 아니라면, 당신은 절약형 생산 시스템을 채택할 의향이 있습니까? 그 이유는 무엇입니까?
2. '적시 생산'은 절약형 생산 방식의 전형적인 예입니다. 사업 비용을 크게 줄이는 반면, 여유분의 재고가 없기 때문에 위험도 수반합니다. 이러한 생산 방식을 안전하게 관리하기 위해서는 무엇이 필요하다고 생각합니까?
3. Portakabin은 효율적인 생산 시스템뿐만 아니라 환경 친화성으로도 정평이 나 있습니다. 당신의 나라에는 환경 친화적인 기업들이 있습니까? 만일 그렇다면, 그 기업들을 간단히 설명해 주세요.

21세기 외국어 교육의 선두주자

하이잉글리쉬는 기업 출강, 대학 교육, 온라인 교육을 전문으로 하는 외국어 교육 기업으로서 엄격한 강사 선발 기준과 체계적인 학사 관리로 최상의 교육 서비스를 제공합니다.

1. 기업 출강

교육담당자를 전담 배치하는 체계적인 관리 시스템으로 높은 출석률과 최고의 만족도를 자랑합니다.

2. 연수원 합숙 교육

회사에서 선발된 학습자들을 대상으로 다양하고 심도있는 활동을 집중적으로 다루어 실력 향상도가 매우 높습니다. 또한 교육외 시간의 체험 활동을 통하여 모국어 수준의 언어습득 효과를 낼 수 있습니다.

3. 전화 / 화상 외국어 교육

실시간 쌍방향 전화 / 동영상 강의로 수업 중 학습자가 질문하는 내용에 대해 강사가 실시간으로 생생하게 답변하며, 학습자는 강의 내용을 바로 확인할 수 있습니다.

4. 온라인 교육

다년간의 기업 외국어 출강 경험과 300여 명의 전문 강사들의 다양한 외국어 동영상 강좌를 제공합니다.

5. 말하기 시험 TOSEB

2004년 자체 개발한 비즈니스 말하기 능력 테스트로 원어민 면접관과 10분 전화 회화로 레벨 평가하는 것으로 자기소개, 일상회화, 업무 대화로 영역별 녹취파일 및 평가표를 제공하고 있습니다.

6. 대학 외국어 교육

취업 영어 면접, 영문 이력서 특강, 외국계기업 및 국제기구 인사담당자 초청 특강, 취업대비, 학기제 수업, 해외 인턴십 강의를 진행합니다.

하이잉글리쉬   www.hienglish.com   Tel: 02-335-1002   Email: manage@hienglish.com

기업 중국어 교육 第一位

HiChinese

기업 출강 NO.1 파트너 하이차이니즈가 중국과 同行하는 길을 열어 드립니다!

잘 한다

1등 노하우

믿을 수 있다

중국 명문 복단대
언어교육원 프로그램

체계적이다
Hi-Five LEARNING
MANAGEMENT SYSTEM
온라인 학사관리
시스템

전문적이다
기업연수원
중국어 집중과정
(삼성, LG, SK, 한화)

중국어 출강 교육
임원 1:1 교육

전화 중국어
1:1 중국어 교육

중국어 통번역
VIP수행통역
이메일 문서 번역

중국 현지 연수
연수원 집중과정

중국 문화 특강
China Academy

중국어 면접
에세이 평가

B2B 중국어 교육 전문 **하이차이니즈**가
임직원 **中国通** 양성을 위해
고객을 모시겠습니다.

Hi Chinese 하이차이니즈 www.hichinese.co.kr Tel: 1688-8096 Email: service@hichinese.co.kr

CallingUEnglish

www.callinguenglish.com

비즈니스 회화 과정
비즈니스 업무수행 시 필요한 외국어 능력 증대

기초 일반 회화 과정
Free Talking 형식의 1:1 수업

각종 시험대비 과정
SPA / OPIC / TOEIC SPEAKING 과정 연습

개인별 맞춤 교육
사전 상담 및 스케줄 조정 가능
철저한 피드백 및 사후 관리

 하이잉글리쉬 www.hienglish.com Tel: 02-335-1002 Email: eugene@hienglish.com

세상에서 가장 간편한 해외여행

HiCafe는 부담없는 가격으로 좋은 사람들과 외국어를 즐기는 문화 공간입니다.

일대일 레슨

시간당 4만원
(강사/교재/음료)

그룹 레슨

주1회 2시간 6명 정원
인당 80,000원/월
(강사/교재/등)

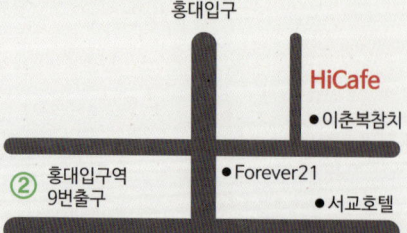

HiCafe

Open 11:30am ~ Close 10:00pm

Tel : 02-324-0579
Add : 서울시 마포구 서교동 355-32
Web : www.hicafe.co.kr